中国劳动宪法

CHINA'S LABOR CONSTITUTION

阎天 著

图书在版编目(CIP)数据

如山如河:中国劳动宪法/阎天著. —北京:北京大学出版社,2022.1
ISBN 978 - 7 - 301 - 32704 - 3

Ⅰ.①如… Ⅱ.①阎… Ⅲ.①劳动法—法的理论—研究—中国 Ⅳ.①D922.501

中国版本图书馆 CIP 数据核字(2021)第 225589 号

书　　　名	如山如河——中国劳动宪法 RU SHAN RU HE——ZHONGGUO LAODONG XIANFA
著作责任者	阎　天　著
责 任 编 辑	王　晶
标 准 书 号	ISBN 978 - 7 - 301 - 32704 - 3
出 版 发 行	北京大学出版社
地　　　址	北京市海淀区成府路 205 号　100871
网　　　址	http://www.pup.cn
新 浪 微 博	@北京大学出版社　@北大出版社法律图书
电 子 邮 箱	编辑部 law@pup.cn　总编室 zpup@pup.cn
电　　　话	邮购部 010 - 62752015　发行部 010 - 62750672 编辑部 010 - 62752027
印 刷 者	北京虎彩文化传播有限公司
经 销 者	新华书店 880 毫米×1230 毫米　A5　7.875 印张　183 千字 2022 年 1 月第 1 版　2024 年 9 月第 3 次印刷
定　　　价	39.00 元

未经许可,不得以任何方式复制或抄袭本书之部分或全部内容。
版权所有,侵权必究
举报电话:010 - 62752024　电子邮箱:fd@pup.cn
图书如有印装质量问题,请与出版部联系,电话:010 - 62756370

献给爸爸妈妈

目录

导论　重思中国劳动宪法的兴起 / 001
　　第一节　中国劳动宪法的三种形态 / 001
　　第二节　中国劳动宪法的五大价值 / 006
　　第三节　中国劳动宪法的兴起之路 / 011

第一章　平等就业 / 017
　　第一节　从反归类原则到反屈从原则：美国经验 / 020
　　第二节　从侵权法模式到宪法模式：中国探索 / 029

第二章　民主管理 / 059
　　第一节　美国集体劳动关系法的兴盛之道 / 062
　　第二节　美国集体劳动关系法的衰落之因 / 070
　　第三节　美国集体劳动关系法的兴衰之鉴 / 080

第三章　按劳分配 / 095
　　第一节　宪法按劳分配规范的原点 / 100
　　第二节　宪法按劳分配规范的变迁 / 108

第三节　宪法按劳分配规范的新生 / 121

第四章　劳动纪律 / 135
第一节　遵守劳动纪律义务的原初含义 / 137
第二节　遵守劳动纪律义务的早期嬗变 / 151
第三节　遵守劳动纪律义务的当代发展 / 159

第五章　破产保障 / 167
第一节　旧破产法上的主人翁形象 / 169
第二节　新破产法上的受害者形象 / 181

附文

附文一　《宪法》第 14 条、第 42 条、第 43 条评注 / 193

附文二　中国劳动宪法的兴起 / 208

附文三　劳动法是一场代际对话 / 212

征引文献 / 223

后　记 / 243

导论　重思中国劳动宪法的兴起

近年来，关于我国宪法上劳动问题的各种局部和零星的讨论渐成汇流之势，一个新的议题——中国劳动宪法——已然呼之欲出，对这一议题做出整体性思考和回应的时机趋于成熟。本书的导论尝试回答三个问题：中国劳动宪法是什么？为什么要从劳动的视角理解宪法？怎样落实中国劳动宪法？2015年，我曾发表《中国劳动宪法的兴起》一文[1]，本书的导论是对该文的反思和扩展。

第一节　中国劳动宪法的三种形态

2018年上映的一部电影，标榜、颂扬母爱，广受好评。笔者观看过后，虽然深受感动，却也如鲠在喉，不是滋味。电影里塑造了三位妈妈，她们都尽心照料孩子，却都不具备劳动者的基本素质：

——某位律师妈妈，在离婚诉讼中代理男方，却因为母性相通而同情女方，当庭要求法院判决女方胜诉。此举严重违反律师职业道德，在某些国家恐有被吊销执业资质之虞。

---

[1] 阎天：《中国劳动宪法的兴起》，第七届政治、法律与公共政策年会主旨演讲。见本书附文。

——某位全职妈妈，遭男方抛弃后顿时暴露出毫无社会经验，明知对方请了大律师，却不找代理人；眼看有败诉风险，当即自杀。遇到困难时沉不住气、想不出辙、悲观逃避、不顾后果、殃及邻人，怎么看都没法让用人单位放心。

——某位保姆妈妈，通过伤害主家幼女骗得岗位，企图拐卖主家幼女为自己女儿治病，未及脱手而遭围捕，为了拒捕而威胁杀害主家幼女。其所为桩桩件件，都与职业操守背道而驰，更涉嫌犯罪。

三位母亲都有难处，都值得同情。但是，影片将她们塑造成"不宜从事职业劳动"的形象，并且有意无意地将这种职业无能归因于母性，这就与宪法的精神相冲突了。在宪法上，妇女既是**劳动者（第48条***：**中华人民共和国妇女在经济的生活等各方面享有同男子平等的权利）**，又是**母亲（第49条：母亲受国家的保护）**。这两个身份都受到宪法的保护，而条文上的连续性也表明了两个身份之间的密切关联。宪法并不认为母亲不宜劳动；相反，**劳动的母亲才最光荣（第42条：劳动是一切有劳动能力的公民的光荣职责）**。诚然，作为生育职能的主要承担者，现代职业女性无时无刻不面临着平衡两个身份的难题。影片很充分地揭示了这一困难，有助于唤起社会的注意。但是，宪法要求国家、社会、家庭和个人都要迎难而上[1]，任何试图通过取消其中一个身份来解决问题的做法都不符合宪法的期待。按照影片的逻辑，妇女适宜

---

* 导论部分的法条括注仅是部分引用，并非法条表述全部。特此说明。
[1] 具体的做法包括：由国家分担生育成本的生育补贴制度；由全体用人单位分担生育成本的生育保险制度；由男性配偶分担生育成本的男性产假制度；由特定用人单位分担生育成本的女性产假、为孕产妇及育儿妇女提供合理便利制度，等等。

当妈，不宜工作，合理的推论就是女性都应该回归家庭（准确地说是回归生育——即使家庭破碎也要这么做）。果如是，则新民主主义革命乃至"娜拉出走"以来妇女解放运动的全部成果及其宪法遗产，都将沦为空谈。妇女走出家庭，参与社会大生产，获得经济独立，是实现解放的根本手段。过去某个历史时期曾经否定女性的母亲身份，强调其劳动者身份，鼓吹一心工作、不顾家庭的"铁姑娘"，其片面性与如今这种鼓吹回归家庭、不顾工作的做法并没有区别，只是内容互为镜像罢了。

女性因劳动而解放，男女因劳动而平等。自由与平等的宪法价值，都依靠劳动来支撑。可见，劳动对于我国宪法的意义并不局限于一个宪法所要规制的领域，而是更为普遍，也更为隽永。这就引出了"劳动宪法"概念的根本问题：劳动与宪法之间，究竟是什么关系？

"劳动宪法"本是德国宪法学上的概念，德国暨大陆法系其他国家和地区的学者一般将其纳入"部门宪法"序列，将劳动界定为宪法所规制的部门之一，进而探讨宪法与劳动法在劳动事务上的互动关系。[1] 这种理解与美国宪法学上所谓的"宪法领域（constitutional sphere）"概念相当，即劳动乃是与教育、公共设施等并列的社会领域，宪法针对不同领域采取不同的渗透角度、手段和深度。[2] 略微放开视界，就语义而言，"劳动宪法"是对

---

[1] 苏永钦主编：《部门宪法》，台湾元照出版公司2005年版。
[2] "宪法领域"的典型用法见 Bruce Ackerman, *We the People*, vol. 3: *The Civil Rights Revolution*, Cambridge: Belknap, 2014。阿克曼强调，在民权革命中，宪法针对不同领域采取不同对策，不存在普适的做法。见该书第12页及第二编各章。类似的用法见于罗伯特·C. 波斯特：《宪法的领域：民主、共同体与管理》，毕洪海译，北京大学出版社2012年版。波斯特认为，宪法把社会生活分成了三类领域（domain），在其中分别建立起民主规则、共同体规则和管理规则。

"劳动"与"宪法"之间关系的表达,这种关系至少可以表现为三个形态:一是,劳动是宪法规制的一个社会领域/部门,宪法一旦离开劳动就会残缺,德国宪法就属于这种形态;二是,劳动是贯穿宪法全文的、对于宪法具有结构支撑和整体定性作用的制度,宪法一旦离开劳动就会瘫痪;三是,劳动是先于宪法而存在的逻辑前提,宪法一旦离开劳动就会崩解,这种形态切合所谓"劳动人民制宪"的观点。[1] 形象地说,如果将宪法比作人体,那么劳动就是四肢、躯干或胚胎,分别对应三种劳动宪法形态。

对于美国这样一个资本主义——宪法保护资本雇佣劳动——的国家而言,第三种形态基本超出其想象力;第二种形态虽然为个别学者所主张[2],但是缺乏宪法文本上的依据——毕竟美国宪法上从未出现"劳动"一词;第一种形态则与美国宪法颇为契合,成为学界的共识。那么中国呢?首先,第一种形态的劳动宪法确实存在于我国。如果对宪法第二章做"板块构造学"的分析,劳动权(**第42、43、44条**)规定在权利总则和政治权利之后,位于社会保障权、受教育权及特殊群体社会权利之前,处在政治与社会两大板块的分界线上,是一个独立的、受到宪法管控的"次大陆"。国内学者通常也将劳动权列为社会权的一种加以讨论。

---

[1] 王旭认为,"现行《宪法》中的劳动权规范既是一种保障私权的权利规范,也是蕴含社会主义国家的国家伦理的重要承认规范"。王旭:《劳动、政治承认与国家伦理——对我国〈宪法〉劳动权规范的一种阐释》,载《中国法学》2010年第3期。劳动是获得政治承认的前提,这与"劳动创造人民"的观点较为接近。

[2] 例如,政治学家和法学家Judith Shklar认为,美国公民身份的基础是劳动谋生权(the right to earn)和投票选举权(the right to vote),赋予劳动以"国本"的崇高宪法地位。朱迪·史珂拉:《美国公民权:寻求接纳》,刘满贵译,上海世纪出版集团2006年版。

其次，第三种形态的劳动宪法有其条文依据。这种形态的逻辑是：劳动创造人民，人民创制宪法。这个逻辑有助于理解两个宪法条款。一是，公民有劳动的义务（**第 42 条：中华人民共和国公民有劳动的权利和义务**）。因为，如果不劳动，就不再是人民的一员了。二是，国家武装力量要保护人民的劳动（**第 29 条：中华人民共和国的武装力量属于人民。它的任务是保卫人民的和平劳动**）。因为，如果劳动保不住，人民就不存在了。这些规定毫无疑问是新民主主义革命暨社会主义革命的伟大遗产，将会世世代代获得尊崇和铭记。但是，这种形态的劳动宪法通常缺乏解释学上的意义。因为，宪法一经创制，人民就很少出场了[1]，否则就谈不上宪法的安定性；而人民是劳动与宪法之间的逻辑纽带，一旦人民退场，纽带就断开了，运用劳动去诠释宪法就说不通了。归根究底，第三种形态下的劳动具有制宪权的意义，却与宪法解释关联甚小；它是革命的遗产，却不能、也不宜进入日常政治。

最后，中国劳动宪法与美国的差异在于存在第二种形态，即劳动是宪法上的一种遍在（omnipresence）。本导论就着重研究这个形态。

---

[1] 例如陈端洪认为，"制宪权显现的时刻，也就是制宪代表出场的时刻……在常规政治下，制宪权退隐，宪定权发挥作用。制宪权退隐即是主权者人民退隐"。陈端洪：《制宪权与根本法》，中国法制出版社 2010 年版，第一章。多数观点认为，美国制宪以后，人民就不再出场；少数观点如阿克曼认为，人民会在宪法时刻（constitutional moment）出场。布鲁斯·阿克曼：《我们人民：奠基》，汪庆华译，中国政法大学出版社 2013 年版，第一章。西格尔（Reva B. Siegel）等则认为，人民在社会运动中都会出场，这就把人民出场常态化了，但这种观点的响应者不多。Reva Siegel, "The Jurisgenerative Role of Social Movements in U. S. Constitutional Law", for publication with the papers of the Seminario en Latino América de Teoria Constitucional y Politica (SELA), June 10-12, 2004, Oaxaca, México.

第二节　中国劳动宪法的五大价值

为什么说劳动是宪法上的遍在？因为，劳动是实现宪法五项重大价值目标——生计、民主、平等、光荣和效率——的重要手段。正是因为劳动这个手段的用途太广、地位太重要，所以宪法反复提及"劳动"概念，竟然达到了 30 次之多。

第一，生计价值。保障和改善生计的目标体现在宪法关于物质文明、国家富强及现代化等的愿景（**序言：中国各族人民将逐步实现现代化，推动物质文明发展，把我国建设成为富强的社会主义现代化强国**）。无论怎样定义劳动，劳动都是绝大部分社会成员生计的主要来源，所以劳动制度是实现生计价值的主要支撑。宪法为了确保劳动者通过劳动获得体面的生活，避免重演旧社会劳动者奔忙终日而不得饱腹的悲剧，对劳动制度做了一系列安排，包括：劳动权与国家创造就业条件的义务；国家改善劳动条件、提高劳动报酬、实施劳动训练的义务（**第 42 条：中华人民共和国公民有劳动的权利和义务。国家通过各种途径，创造劳动就业条件，加强劳动保护，改善劳动条件，并在发展生产的基础上，提高劳动报酬和福利待遇。国家对就业前的公民进行必要的劳动就业训练**）；劳动者的休息休假权和退休权（**第 43 条：中华人民共和国劳动者有休息的权利。国家发展劳动者休息和休养的设施，规定职工的工作时间和休假制度。第 44 条：国家依照法律规定实行企业事业组织的职工和国家机关工作人员的退休制度。退休人员的生活受到国家和社会的保障**），等等。横向比较，我国宪法为了保障劳动者生计所做的制度安排比大部分国家都要全面，特别是比美国要充分得多。[1] 绝大部分关于我国劳动宪法的研究都集中在这个问题上。

第二，民主价值。[2] 传统上，民主局限在政治领域，甚至政治领域的民主恰恰是为了保障经济和社会领域的不民主而存在。20世纪以来，民主开始进入经济领域。所谓经济民主，有两种含义：一是提高劳动在分配中的地位，二是提高劳动在管理中的地位。在美国，分配上的经济民主基本没有被宪法承认，最激进的尝试无非是 Goldberg vs. Kelly 案（通过济贫实施二次分配），而该案的判决已经被推翻[3]；管理上的经济民主在罗斯福新政时期建立起来，并且通过了宪法审查的考验，主要体现在劳资之间通过集体谈判（相当于制宪）达成协议（相当于宪法），通过企业管理（相当于行政）、仲裁（相当于司法）和局部的规则制定（相当于立法）来实施协议，从而达成企业内的劳资共治（相当于宪治）。[4]

---

[1] 参见卡斯·R. 桑斯坦：《为什么美国宪法缺乏社会和经济权利保障？》，傅蔚冈译，载中国法学网，http://www.iolaw.org.cn/showNews.asp?id=10847（最后访问2018/11/18）。

[2] 关于中美两国的劳动制度与宪法民主价值，详见阎天：《美国集体劳动关系法的兴衰——以工业民主为中心》，载《清华法学》2016年第2期。

[3] Goldberg vs. Kelly, 397 U.S. 254 (1970); Matthews vs. Eldridge, 424 U.S. 319 (1976).

[4] 20世纪上半叶，劳动领域的宪治思想在学界十分流行。例如，大法官布兰代斯和劳动经济学家康芒斯都曾经提出"工业（宪制）政府"的理念；美国劳动法学的创始人阿奇博得·考克斯也认为，集体谈判是"工业自治政府的机制"，《华格纳法》等立法及法院判例构成这一政府的"宪法"，集体谈判协议是"立法"，而申诉和仲裁程序则是"行政和司法裁判庭"。详见阎天：《美国劳动法学的诞生》，中国民主与法制出版社2018年版。

如今，美国宪法已经极少关心管理上的经济民主[1]，仅有的成果也不断遭到最高法院判决的侵蚀[2]。我国宪法对于经济民主、特别是民主分配的认可比美国要稳固得多，但是相应的劳动制度安排则不如美国充分。分配上的经济民主，在宪法上体现为按劳分配制度（**第 6 条：社会主义公有制消灭人剥削人的制度，实行各尽所能、按劳分配的原则**）；管理上的经济民主，在宪法上体现为人民管理经济和社会事务（**第 2 条：人民依照法律规定，通过各种途径和形式，管理国家事务，管理经济和文化事业，管理社会事务**），这一管理权特别适用于公有制经济组织（**第 16 条：国有企业依照法律规定，通过职工代表大会和其他形式，实行民主管理。第 17 条：集体经济组织实行民主管理，依照法律规定选举和罢免管理人员，决定经营管理的重大问题**），也应该涵盖其他类型的经济组织。特别是，第 16 条和第 17 条结构一致，都分为两款，第一款规定组织的自主经营权，第二款规定职工/成员的民主管理权。这两条是之前历次宪法都没有规定的，它们反映了制衡的逻辑：以民主管理制衡自主经营，防止自主经营权被滥用而侵害职工/成员的利益。民主管理不是锦上添花、可有可无的，而是与自主经营互为前提，这个宪法逻辑被遗忘已久。

---

[1] 关于美国宪法与劳动问题的脱钩，参见 James Gray Pope, "Labor and the Constitution: from Abolition to Deindustrialization", 65 *Tex. L. Rev.* 1071 (1987)。一些学者认为，问题出在劳动法没有和民权法联姻，以至于当宪法焦点转移到民权问题时，劳动问题受到了冷落。Lisa L. Goluboff, *The Lost Promise of Civil Rights*, Cambridge: Harvard University Press, 2007.

[2] 参见 Julius G. Getman, *The Supreme Court on Unions: Why Labor Law is Failing American Workers*, ILR Press (Cornell University Press), 2016. 最新案例如 Janus vs. AFSCME, 585 U. S. _ (2018)。

第三，平等价值。劳动对于宪法平等价值的意义主要体现在妇女和少数民族两个群体上。一是，国家要为这两个群体培养干部和人才（**第 48 条：国家培养和选拔妇女干部。第 122 条：国家帮助民族自治地方从当地民族中大量培养各级干部、各种专业人才和技术工人**），这属于"以扶助促平等"，超越了宪法通常所保护的"以竞争促平等"。宪法上保护的平等大致可分为三种：其一为自由竞争、消除偏见意义上平等，例如公民之间的平等（**第 33 条：中华人民共和国公民在法律面前一律平等**）；其二为扶助弱者、消除劣势意义上的平等；其三为结果均等、消除竞争意义上的平等，例如人大代表的少数民族名额保留制度（**第 59 条：各少数民族都应当有适当名额的代表**）。二是，在需要实现平等的社会生活各领域，劳动平等具有基础地位，劳动者之间的平等是其他领域平等的前提。所以，宪法在已经规定妇女在各领域与男子平等之后（**第 48 条：中华人民共和国妇女在政治的、经济的、文化的、社会的和家庭的生活等各方面享有同男子平等的权利**），又专门规定了劳动领域的平等（**第 48 条：国家实行男女同工同酬，培养和选拔妇女干部**）。

第四，光荣价值。光荣是一种伦理道德的评价，也是对于个人内心认同需求的满足。在基督教传统下，劳动被视作失乐园后的惩罚，只有苦痛，难言幸福，更谈不上光荣；新教伦理将劳动与旧贵族无节制的享乐对立起来，崇尚劳动，但是并不能掩饰雇佣劳动压榨和摧残劳动者的本质。只有在社会主义制度下，劳动才是光荣的（**第 42 条：劳动是一切有劳动能力的公民的光荣职责**）。这种光荣并非来自节制、奋斗等资本主义的美德，而是来自劳动的公共性。劳动并非仅仅为了个人私利而为之，而是为了公共利益、为了社会主义国家的现代化而奋斗。公有制经济成分与公共利益的关系最为直接和紧密,在其中工作的劳动者的个人利益与公共利益/国家利益的重合度也最高(**第42条:国有企业和城乡集体经济组织的劳动者都应当以国家主人翁的态度对待自己的劳动**);为了公共利益的需要,国家要通过提倡、奖励的手段鼓励劳动(**第42条:国家提倡社会主义劳动竞赛,奖励劳动模范和先进工作者。第24条:国家倡导社会主义核心价值观[包括敬业],提倡爱祖国、爱人民、爱劳动、爱科学、爱社会主义的公德**),特别是"公而忘私"的义务劳动(**第42条:国家提倡公民从事义务劳动**)。

第五,效率价值。这是劳动所服务的、经常被忽略的宪法价值。我国宪法包含着特定的经济发展思想,这与美国宪法差异明显。[1] 从供给侧来讲,劳动生产率的提高是经济增长的根源;与历次宪法相比,现行宪法*特别突出经济发展,而手段则是提高劳动者的素质、改进劳动组织和管理(**第14条:国家通过提高劳动者的积极性和技术水平,推广先进的科学技术,完善经济管理体制和企业经营管理制度,实行各种形式的社会主义责任制,改进劳动组织,以不断提高劳动生产率和经济效益,发展社会生产力**)。正是从反对计划经济的平均主义出发,宪法规定了按劳分配制度(**第6条:国家在社会主义初级阶段,坚持按劳分配为主体、**

---

[1] 霍姆斯大法官曾说:"第14修正案并不实施赫伯特·斯宾塞先生的《社会静力学》"。Lochner vs. New York, 198 U. S. 45, 75 (1905),参见田雷:《短意见的长历史——重读霍姆斯大法官在洛克纳诉纽约州案中的反对意见》,载《师大法学》2017年第2辑。

* 对于1982年施行的《中华人民共和国宪法》,如果强调制宪时的状况,称"八二宪法",如果强调当下的状况,称《宪法》或"现行宪法"。

多种分配方式并存的分配制度)。[1] 劳动法不能不讲效率,这是宪法的命令;而这并不意味着劳动法惟效率是从,要点在于不同价值之间的辨析与协调。

第三节　中国劳动宪法的兴起之路

　　劳动宪法如此重要,怎样落实呢?在美国,宪法与劳动一共发生过四次重要的连结,从而形成了劳动宪法。每一次连结都经由宪法革命(即阿克曼意义上的"宪法时刻")完成,制宪、修宪、释宪和行宪则分别充当了关键节点:

　　——制宪是第一次宪法革命,宪法与劳动"握手"的成果是所谓逃奴条款(fugitive clause)。根据这一条款,黑奴和白奴都不能以逃离州境为手段摆脱奴隶身份,而是"一处为奴,处处为奴"。历史地看,奴隶制当然有反动的一面,逃奴条款也很可能反映了美国制宪者的阶级局限。[2] 但在当时,宪法起到了稳定劳动关系的作用,也释放了奴隶制的生产潜力。

　　——内战暨重建时期的修宪是第二次宪法革命,宪法与劳动"握手"的成果是第13、14修正案。第13修正案废除了奴隶制,而第14修正案在形式上废除了针对黑人的歧视(平等保护条款),保障了他们自由出卖劳动力的权利(正当程序条款)。虽然种族歧视并没有真正结束,但是修宪为资本主义劳动关系的普遍建立提供了条件,有力促进了工业化。

---

[1] 宪法上的按劳分配具有两个面向:一是反对平均主义,二是反对按资分配,分别对应第6条的第1款和第2款。
[2] 参见查尔斯·A. 比尔德:《美国宪法的经济观》,何希齐译,商务印书馆1989年版。

——新政时期的释宪是第三次宪法革命,宪法与劳动"握手"的成果是一系列支持新政劳动立法的判决:西滨旅店诉帕里什案[1]、国家劳动关系委员会诉琼斯和劳林钢铁公司案[2]等。在此之前,最高法院在德布思案中,通过解释州际贸易条款,将集体劳动关系纳入联邦事权[3];在洛克纳案中,运用实体性正当程序理论,将所谓契约自由规定为劳动关系的原则[4]。面对罗斯福填塞法院计划的威胁,最高法院认清了大萧条以来的政治经济形势,及时转向新政阵营,判决两部重要的新政劳动立法——《公平劳动基准法》和《国家劳动关系法》——合宪。新立法获得宪法安定性之后,极大地缓解了劳资矛盾,改善了劳工境遇,释放了工业产能,帮助美国打赢了二战。

——民权运动时期的行宪是第四次宪法革命,宪法与劳动"握手"的成果是以《一九六四年民权法》为代表的民权立法。第14修正案规定,国会有权制定适当法律来执行该修正案,而《一九六四年民权法》则是国会有史以来所做的最重要努力。该法以州际贸易条款为立法依据,在第7篇规定了遏制劳动就业领域歧视的措施[5],这成为各国反就业歧视法的典范。由于宪法革命所赋予的高度民主正当性,《一九六四年民权法》被视为具有准宪法地

---

[1] West Coast Hotel Co. vs. Parrish, 300 U.S. 379 (1937).

[2] National Labor Relations Board vs. Jones & Laughlin Steel Corp., 301 U.S. 1 (1937).

[3] In re Debs, 158 U.S. 564 (1895).

[4] Lochner v. New York, 198 U.S. 45 (1905).

[5] 《〈一九六四年民权法〉第七篇选译》,载阎天编译:《反就业歧视法国际前沿读本》,北京大学出版社2009年版。

位的超级立法（super statute）[1]，甚至被认为和宪法文本具有相同的效力。[2]

美国的经验表明，制宪和修宪是劳动宪法的生成之道，而释宪和行宪则是劳动宪法的实施之道。特别值得一提的是，通过立法将宪法的命令具体化、操作化，是重建时期修正案区别于宪法正文和先前修正案的重要特征。这一规定触及宪法实施的结构，即单纯以司法为中心来实施宪法是不够的，囿于司法分支本身"既不掌握钱袋、又不掌握刀剑"的局限，必须开掘立法和行政分支在实施宪法方面的潜力，建立所谓各分支分工协作的结构（departmentalism）。这种思路与我国宪法较为契合：宪法序言指出，保证宪法实施的职责并不仅仅属于某一机关，而是属于"一切国家机关和武装力量"（**序言：一切国家机关和武装力量负有维护宪法尊严、保证宪法实施的职责**）。我国的释宪及合宪性审查机制尚在建设中，而运用立法（包括行政立法）行宪则行之有年。事实上，我国政府在论证宪法获得了全面实施的时候，最常用的论据就是以立法行宪。

历史地看，《劳动法》在制定过程中，有意识地将自己视作宪法实施法，对于劳动所要追求的五大宪法价值均有所体认，对于宪法上的各项劳动制度均有所接纳。这主要体现在《劳动法》第一章"总则"：生计价值体现在第3条所设定的劳动报酬、休息休假等方面的权利，以及第5条所设定的国家提高劳动者生活水平的义务；民主价值体现在第7条所设定的参加工会权和第8条所设定

---

[1] William N. Eskridge. Jr. & John Ferejohn, "Super-Statutes", 50 *Duke L. J.* 1215 (2001).

[2] Bruce Ackerman, *We the People*, vol. 3: *The Civil Rights Revolution*, Cambridge: Belknap, 2014.

的民主管理权；平等价值体现在第 3 条所设定的平等就业权；光荣价值体现在第 6 条所规定的提倡义务劳动、表彰劳模等；效率价值体现在第 1 条对于立法目的的宣示："建立和维护适应社会主义市场经济的劳动制度，促进经济发展和社会进步。"

由此可证，《劳动法》第 1 条所称的"根据宪法，制定本法"并非虚言。立法者真诚地希望通过这部立法来落实宪法。然而，二十多年的实践表明，《劳动法》的总则与分则各章之间、《劳动法》与后续劳动立法之间，都存在脱节的现象，由此导致了宪法上劳动价值的失落。这种失落主要表现在：第一，生计价值尚未得到充分保障，特别是劳动基准立法滞后，劳动报酬、劳动条件等缺少有效的法律保护手段，农民工欠薪的"顽症"就是写照；第二，劳动协商（民主价值）缺乏落实机制，工会的代表性、集体协商和集体合同制度都面临挑战；第三，平等价值存在混乱，各种含义的平等经常遭到混淆，为平等而扶助弱者的努力还有待加强；第四，光荣价值陷入迷茫，"不劳而获"似乎比劳动还要光荣，由光荣衍生的职场尊严仍然普遍遭到侵犯[1]；第五，效率价值和生计价值被简单对立起来，在《劳动合同法》立法过程中引发了所谓"单保护"（只保护劳动者利益）和"双保护"（同时保护劳动者和用人单位双方利益）之争，陷入了逻辑的死结。

虽然劳动宪法已经存在于文本层面，但是由于劳动制度尚不能很好地支撑宪法上的五大价值，所以，中国劳动宪法目前处于"兴而未起"的历史阶段。怎样推动中国劳动宪法的兴起？笔者认为，有三个可行的途径：

---

[1] 关于宪法上的人格尊严，见王旭：《宪法上的尊严理论及其体系化》，载《法学研究》2016 年第 1 期。

一是发挥现有立法的行宪作用。在法律适用过程中，要承认《劳动法》在劳动领域的基本法地位，以之管控《劳动合同法》等后续劳动立法，防止后续立法以"新法优于旧法"或"特别法优于一般法"为由架空《劳动法》。要承认《劳动法》总则的法律效力，以之作为解释、补充分则条文的依据，防止分则架空总则。如此一来，就有望弥合《劳动法》与后续立法之间、总则与分则之间的罅隙。

二是制定新的行宪立法。例如，从保护生计价值出发，有必要制定《劳动基准法》。为了推动立法进程，要特别注意发挥宪法的修辞作用，以宪法话语充当社会动员的工具，使得社会运动与立法相互促进。

三是着眼未来，探讨释宪方法。考虑到劳动问题贯穿宪法始终、遍及宪法的各个角落，对其作出整体性的理解将是必不可少的。为此，要特别强调体系解释，注重条文之间的关联，并且通过历史解释发现分散条文背后的一致逻辑。

劳动宪法饱含着中国人民对于美好生活的憧憬。只有理解劳动宪法，才能够更深刻地体会到"新中国"这个语汇的千钧之重。当所谓"女德班"忽悠劳动妇女回家时，当达不到绩效指标的劳动者被当众鞭打时，宪法要和劳动法一起站出来说"不"。惟其如此，方有宪治。

第一章 平等就业

2014年，中美两国同时迎来了反思本国反就业歧视法的契机。五十多年前，美国国会通过了《一九六四年民权法》，其中第七篇专门规定就业歧视问题，将反歧视的禁令从公职推广到私人部门，并建立了独立的执法机关。十多年前，全国人大常委会颁布了《传染病防治法》修正案，将传染病人增列为平等就业的保护对象，由是开启了中国反就业歧视法快速发展的新阶段。此后，公务员招录不再排斥乙肝病原携带者，《妇女权益保障法》修法新增禁止性骚扰等内容，就业歧视受害人的诉权写入《就业促进法》……十年一大步。如今，中国学界面临梳理反就业歧视法发展脉络、提出一般理论并加以解释和评价的任务。

什么是一般理论？一般理论是指对反就业歧视法制度和理念的系统理解。它具有三个根本特征：首先，一般理论是对具体问题研究的抽象和体系化。其次，一般理论注重揭示制度与理念之间的互构和张力。再次，一般理论同时具备描述性和规范性。由是，一般理论区别于具体问题研究，区别于单纯的制度之辩与理念之争，也区别于纯粹实然或应然层面的解说。一般理论堪称反就业歧视法研究的"元问题"，也是美国反就业歧视法研究成熟的标志。

　　研究中国反就业歧视法,需要直面"元问题"。尽管法制发展的头绪日增,改革方案亦接踵而出,但是中国反就业歧视法的一般理论仍不发达。学者在具体制度层面借鉴和反思美国经验的努力甚多,在抽象理念层面引进美国学说的尝试也不鲜见。可是,两个层面之间的连结尚很松散,缺乏融通。与实践一样,中国反就业歧视法的理论面临碎片化的危险。

　　半个世纪以来,美国学界普遍主张:建构反就业歧视法一般理论的关键,在于阐明法律所追求的"平等就业"概念。平等的观念是空洞的,其内容有待于外在价值的填充。[1] 而"平等"与"歧视"乃一体两面,平等的概念取决于如何定性歧视的"错":歧视究竟错在违背择优用人理念,还是将某些群体置于弱势地位,抑或其他?[2] 对于这个问题的回答,决定了反就业歧视法保护谁、如何设定证明标准及分配举证责任、如何配置规制手段和法律责任等制度问题;而制度问题的回答,又反过来影响甚至塑造着法律对于歧视性质的理解。反就业歧视法的一般理论就是围绕平等概念的"纲"展开的。反就业歧视法的发展,就是平等观逐步形

---

[1] 阎天:《平等观念是空洞的吗?——一页学术史的回思》,载强世功主编:《政治与法律评论》(第二辑),法律出版社2013年版,第137页。

[2] 对于歧视之"错"可以从多个角度加以区分,比如是损害机会平等还是损害结果平等、是源自主观偏见还是源自客观排斥、导致新生不公还是延续既往不公,等等。这些角度都曾出现在美国的司法学说之中,也为国内学界所不同程度引介。但是正如下文第一节将论证的:究竟追求个体择优还是群体地位改善,是平等/歧视观念最重要的区分,其他区分基本可用这个区分来解释。

成、遭遇挑战、寻求出路的过程。

本章就从平等观入手，尝试建构中国反就业歧视法的一般理论。经过短暂的混沌之后，围绕乙肝病原携带者的平等就业问题，中国树立了以用人绩效为价值追求的主流平等观，认为歧视的本质是否定"量能就业"[1]，并据此建构起反就业歧视法的"侵权法模式"：注重歧视的主观要件，以隐私保护为杜绝偏见的重要手段，为此突出平等所包含的精神利益，倚重司法救济途径。但是，侵权法模式立即遭遇三方面挑战：（1）法院只接受以直接证据证明歧视，（2）劳动者在健康等方面的虚假陈述被定性为欺诈，以及（3）获得支持的精神损害赔偿金额偏小。在本质上，这些挑战都源于主流平等观无法处理用人绩效与其他价值之间的位阶关系。而当反就业歧视法的保护重心从乙肝病原携带者转向妇女，侵权法模式的不足就显露无遗：无论是退休年龄歧视之争，还是生育成本分担之争，以及职场性骚扰问题，都要求局部牺牲用人绩效，建立反就业歧视法的目标分层。为此，中国反就业歧视法应当树立以改善群体弱势地位为价值追求的新平等观，界定其与既有的、以用人绩效为追求的平等观之间的关系；新平等观获得宪法文本和行宪机关的支持，落实为制度，就可能产生反就业歧视法的"宪法模式"[2]。

---

[1] 这一概念源自喻术红、杜莹：《量能就业原则引入我国劳动就业中的可行性探讨》，载《法学评论》2008年第5期。
[2] 限于篇幅，本章主要讨论两个群体——乙肝病原携带者和妇女——的就业歧视问题。

第一节　从反归类原则到反屈从原则：美国经验

一、理念与制度之间的中介原则

在美国，平等就业的宪法文本依据主要是第十四修正案平等保护条款。一方面，"平等保护"一语含义宽泛，无法直接适用，需要以解释作为中介。而另一方面，为保持法律的融贯性及安定性，对"平等保护"的解释不可一事一议，必须较为稳定和超脱，也即原则化。这种中介性与原则性兼具的解释，被称作"中介原则"（intermediate principle）。[1] 中介原则具有描述性，概括了制度和个案在追求何种平等；中介原则又具有规范性，表达了宪法和法律要求制度和个案实现何种平等。中介原则就是美国反就业歧视法一般理论的"纲"之所在。

中介原则并非制/修宪时就确定，而是在具体制度建构和个案裁判中逐步生成，并由学者加以阐发。1971年，时任芝加哥大学法学院副教授的欧文·费斯发表《公平就业法论》[2]，"首次系统论证了《一九六四年民权法》第七篇"[3]。在此基础上，费斯于1976年写就《平等保护条款之群体观》[4]，将主流的司法学说总

---

[1] 这一概念源自 Owen M. Fiss, "Groups and the Equal Protection Clause", 5 *Phil. & Pub. Aff.* 107 (1976)。

[2] Owen M. Fiss, "A Theory of Fair Employment Laws", 38 *U. Chicago L. Rev.* 235 (1971).

[3] George A. Rutherglen & John J. Donohue III, *Employment Discrimination: Law and Theory*, New York: Foundation Press, 2005, at p. 30.

[4] Owen M. Fiss, "Groups and the Equal Protection Clause", 5 *Phil. & Pub. Aff.* 107 (1976).

结为"反歧视原则"（antidiscrimination principle），并提出以"群体劣化原则"（group-disadvantaging principle）加以补充。上述两原则很快被分别改称为"反归类原则"（anticlassification principle）和"反屈从原则"（antisubordination principle），并主导了自由派宪法学者的平等观。[1] 尽管最高法院对反屈从原则态度暧昧[2]，但是反归类与反屈从原则之争已然成为美国反就业歧视法最重要的一般理论争议。[3] 25年后，已成为耶鲁大学法学院思特灵讲座教授的费斯撰写《另一种平等》，回顾争议的后续发展，回应了二十位教授的评论。[4] 费斯教授的著作是建构反就业歧视法一般理论的范本，也是讨论中国问题的主要参照。

---

[1] 其他学者曾将反屈从原则称作"反等级制（anticaste）原则"、"反压迫（antisubjugation）原则"等。例如，Cass R. Sunstein, "The Anticaste Principle", 92 *Mich. L. Rev.* 2410 (1994); J. M. Balkin, "The Constitution of Status", 106 *Yale L. J.* 2313 (1997)。

[2] 尽管如此，有学者认为，"反屈从价值已然且将继续在反归类原则实践意涵的塑造中扮演关键角色"。Jack M. Balkin & Reva B. Siegel, "The American Civil Rights Tradition: Anticlassification or Antisubordination?", 58 *U. Miami L. Rev.* 9, 13 (2003). 费斯本人则认为，联邦最高法院在某些判决中的推理只能用反屈从原则来解释。Owen M. Fiss, "Another Equality", in *Issues in Legal Scholarship*, Volume 2, Issue 1 (Aug 2002): *The Origins and Fate of Antisubordination Theory*, at pp. 4-5。该文由阎天翻译，载章剑生主编：《公法研究》（第十三辑），浙江大学出版社2016年版。

[3] 关于这一争议的代表文献，可参见 John H. Garvey, T. Alexander Aleinikoff & Daniel A. Farber, *Modern Constitutional Theory: A Reader* (5th ed.), St. Paul: West, 2004, at pp. 460-522.

[4] Owen M. Fiss, "Another Equality", in *Issues in Legal Scholarship*, Volume 2, Issue 1 (Aug 2002): *The Origins and Fate of Antisubordination Theory*. 评论文章均收入该期专号。

二、反归类原则的提出

反归类原则认为，歧视就是依特定标准归类，就业歧视错在归类标准与目标不匹配。最常见的情形是：归类目的在于选拔劳动能力最强的劳动者，而归类标准——如种族或性别——却会将某些劳动能力强的求职者排斥在外。反归类原则的核心是工具理性，"因为行为是否获准并不取决于其所增进的目标的价值，抑或其所造成的损害的严重度，而是取决于手段与目的之间的关系"。[1] 围绕这一核心，最高法院建构了所谓"上层建筑"。其中包括对于归类目标本身的审查，更重要的则是对于手段与目标匹配程度的不同要求：如果归类标准属于种族等"嫌疑归类"（suspected classification），或者归类影响到某些"根本权利"（fundamental right），则手段与目标之间的匹配要更严格；而如果允许立法或行政机关"分步实现"（one-step-a-time）平等目标，或者所追求的某些正当利益"压倒"（compel）了平等目标，则手段与目标之间的匹配可更宽松。[2] 举例来说，我国学者普遍要求引入所谓"真实职业资质"（bona fide occupational qualifications）抗辩：对求职者的归类标准只要确系履职所需，就不构成歧视。该抗辩背后的逻辑即为：择优用人、提高效率的正当利益压倒了平等目标。

反归类原则何以能够成为最高法院的主流观点？费斯提出了

---

[1] Owen M. Fiss, "Another Equality", in *Issues in Legal Scholarship*, Volume 2, Issue 1 (Aug 2002): *The Origins and Fate of Antisubordination Theory*, at p. 1.

[2] Owen M. Fiss, "Groups and the Equal Protection Clause", 5 *Phil. & Pub. Aff.* 107, 111-116 (1976).

五点原因。[1] 第一，反归类原则所主张的平等，大体与司法过程中所贯彻的、法律适用的平等相当。第二，反归类原则据信可以实现法官的"价值中立"，防止法官带入个人价值判断、侵夺立法职权。第三，反归类原则可以实现裁判的客观性，亦即，原则的要求可以较为清楚地表达出来，适用时无须过多调查事实或做程度判断，且结论不会因时而变。第四，反归类原则信守个人主义，只需考虑个人是否获得了恰当的对待，而无须引入群体观念，这就防止了法律促成阶级/群体意识的觉醒。第五，反归类原则的保护在表面上具有普遍性，而不是仅仅保护一部分人。这类似于"禁止性别歧视"与"禁止歧视妇女"之分。

三、对反归类原则的批评

费斯批评反归类原则的第一步是：指出该原则的上述"优点"基本限于其核心部分——手段与目的的匹配性。一旦越出核心、进入上层建筑，"优点"就会减损乃至消失。比如，工具理性诚然不要求作出价值判断，但是何种目标正当、何种归类可疑、何种权利根本、何种利益有压倒性、何种匹配适度，此类判断都须以价值标准为前提。[2] 又如，虽然标榜个人主义，最高法院却经常引入群体观念来判断目标正当性和利益优先性；所谓"不可改变性"（immutability）也无法解释为何种族构成、身高却不构成嫌疑归类——唯有引入黑人群体相对于矮个子群体的特殊性方可理解。[3]

---

[1] Owen M. Fiss, "Groups and the Equal Protection Clause", 5 *Phil. & Pub. Aff.* 107, 118-129 (1976).

[2] *Ibid.*, 121 (1976).

[3] *Ibid.*, 123-126 (1976).

费斯对反归类原则的第二步批评则变换角度，主张反归类原则无法解释两类重要的法律制度：禁止某些表面无害的归类标准，以及优待黑人。禁止表面无害的归类标准即所谓"差别结果"（disparate impact）学说。在大多数此类案件中，系争行为既可用法律禁止的归类标准来解释，也可用法律许可的归类标准来解释。反归类原则无所适从。为此，最高法院对反归类原则做了三种修补，而费斯指出：这些修补不仅将突破反归类原则的工具理性、减损其吸引力，而且未必能够解决问题。[1] 修补之一是将涉案的个人权利认定为基本权利，从而收紧匹配程度的要求。然而，反归类原则本身并不包含判断何种权利"基本"的标准。修补之二是引入过去歧视（past discrimination）的概念，主张涉案的归类延续了过去的歧视，从而纳入打击范围。然而，确定过去歧视的存在势必要求大量的事实调查，这会令反归类原则的"客观性"落空。并且，反归类原则也不能解释为何要将法律的关注点从现时移向过往。某些个人即便过去受过歧视，但是歧视者通常并非涉案的用人单位；让用人单位对他人行为承担责任，违背反归类原则的个人主义追求。再者，用人单位完全可以主张涉案的归类能够提高效率，究竟为何要牺牲效率、成全平等，反归类原则也无力解释。[2] 修补之三则是引入歧视效果（discriminatory effect，又称事实歧视 [de facto discrimination]）概念，主张不论归类标准如何，只要造成了相当于法律所禁止的归类的结果，就违背平等保

---

[1] Owen M. Fiss, "Groups and the Equal Protection Clause", 5 *Phil. & Pub. Aff.* 107, 143-146 (1976).

[2] Owen M. Fiss, "Another Equality", in *Issues in Legal Scholarship*, Volume 2, Issue 1 (Aug 2002): *The Origins and Fate of Antisubordination Theory*, at p. 3 & p. 8.

护。然而，如此将彻底放弃反归类原则的关注焦点——归类，使得该原则名不副实。

如果说，禁止表面无害的归类标准案件需要对反归类原则做出较大修补，那么，优待黑人的案件则因为广泛涉及价值判断，而与反归类原则尖锐冲突，无法通过修补来调和。[1] 优待黑人的做法即所谓"纠偏行动"（affirmative action）。根据反归类原则，首先要寻找优待做法的正当目的。而正如费斯所言，能够找到的目的——比如提高黑人的社会地位——几乎都以群体为导向，与反归类原则的个人主义取向不合。[2] 并且，手段与目标之间几乎肯定会发生严重的匹配不当。为了解释这种不当的合宪性，反归类原则同样可做三种修补。修补之一是引入行政便利（administrative convenience）的概念，主张为了行政便利可以牺牲平等。然而，既然可以为了保护黑人之便而牺牲白人的平等，为什么不能为了保护白人之便而牺牲黑人的平等呢？反归类原则不包含损益

---

[1] Owen M. Fiss, "Groups and the Equal Protection Clause", 5 *Phil. & Pub. Aff.* 107, 129-136 (1976).

[2] 在 Grutter vs. Bollinger 案中，奥康纳大法官将"呈现多样观点以丰富教育环境"认定为高校录取中纠偏行动的目标。539 U.S. 306 (2003)。费斯的质疑可概括为两点：（1）能够促进观点多样性的不仅有种族的多元，而且包括宗教、经济、政治地方等方面的多元，那么宗教少数群体之类为何不能要求纠偏行动？（2）多样性这个价值的规范力量很小，何以主张其能够压倒平等价值、支持将匹配标准从嫌疑归类大幅放松到"加高审查"（heightened scrutiny）？两个问题都必须通过引入群体观念和黑人群体的特殊性方可获得解答。Owen M. Fiss, "Another Equality", in *Issues in Legal Scholarship*, Volume 2, Issue 1（Aug 2002）: *The Origins and Fate of Antisubordination Theory*, at pp. 5-6.

权衡的标准，且固守保护的普遍性，无法回答这个问题。[1] 修补之二是引入污名化（stigmatization）的概念，主张优待黑人的目的是纠正对于黑人身份的普遍污名化，为此可以牺牲平等。这样做不仅仍然需要权衡损益，而且将法律的关注点从归类转向了后果，无法用反归类原则来解释。修补之三则是主张优待黑人仅为第一步，要允许分步实现各种族待遇的普遍提高。然而，反归类原则既不能解释为何应当准许分步提高，也不能解释为何应当先改善黑人而非其他种族的待遇。优待黑人必然导致对于其他种族成员的不公，反归类原则的根本局限就在于无法证立这种不公符合平等保护。

四、反屈从原则的证成

针对反归类原则的局限，费斯提出新的原则——反屈从原则。"反屈从原则的总体理念是：歧视等社会实践应受谴责，其原因并不在于手段与目的匹配不当所引发的单项事务的不公，而在于这些做法导致或延续了受拒斥者所在群体的屈从地位。"[2] 反屈从原则在保护对象和禁止行为两方面区别于反归类原则。首先，反屈从原则所保护的是"弱势群体"（disadvantaged group）。弱势群体具有三项特征：一是社会性，既独立于成员个人而存在，其身

---

[1] 又如，某些政策将黑色人种视作消极指示物（proxy），与违法犯罪等联系起来（例如"种族分析"[race profiling]）；另一些政策则将黑色人种视作积极指示物，与利益的倾斜分配联系起来（例如纠偏行动）。反归类原则无法解释为何前者应被禁止、后者应获许可。Owen M. Fiss, "Another Equality", in *Issues in Legal Scholarship*, Volume 2, Issue 1 (Aug 2002): *The Origins and Fate of Antisubordination Theory*, at pp. 2-3.

[2] *Ibid.*, at pp. 3-4.

份和福祉又与成员相互依存（interdependence）；二是经济上不仅居于底层，而且状况长期得不到改善，形成屈从地位；三是政治上无权，由于人数有限而无法影响选举，由于财力微弱而无法支撑竞选，由于"分散且孤立"而无法与有权群体结盟。黑人符合所有特征，是最典型的弱势群体和首要保护对象。其次，反屈从原则所禁止的是加重或延续弱势群体屈从地位的行为。虽然"加重"和"延续"的用语暗示了历史维度的存在，但是费斯认为，受歧视的历史并非获得反屈从原则保护的必要条件。无论屈从的现状从何而来，为了维护社会和平、维系共同体团结，以及赋予屈从群体成员充分的发展机会，反屈从原则都要求法律消灭屈从状态。[1]

与反归类原则相比，反屈从原则从打击归类手段与目标的不匹配转移到反对屈从地位；从个人本位转移到群体本位；从普遍保护转变为偏一保护。更重要的是，反屈从原则放弃了表面上的价值中立，转而挑明价值追求、设定价值位阶、做出价值取舍。费斯提出：屈从地位的消除具有极高的价值位阶，为此做出价值牺牲是正当的。他的论述主要从三方面展开。一是社会整合度的牺牲问题。反屈从原则以群体为本位，短期内会强化群体身份认同、挑战社会的整合度。但是，身份认同的源头是共同的屈从地位，消灭这个源头就将最终弱化身份认同[2]，加强社会整合。二

---

[1] Owen M. Fiss, "Groups and the Equal Protection Clause", 5 *Phil. & Pub. Aff.* 107, 147–155 (1976); Owen M. Fiss, "Another Equality", in *Issues in Legal Scholarship*, Volume 2, Issue 1（Aug 2002）: *The Origins and Fate of Antisubordination Theory*, at p. 21.

[2] Owen M. Fiss, "Another Equality", in *Issues in Legal Scholarship*, Volume 2, Issue 1（Aug 2002）: *The Origins and Fate of Antisubordination Theory*, at pp. 19–20.

是其他群体利益的牺牲问题。反屈从原则具有强烈的再分配属性,其优待黑人等做法必然导致利益分布的此消彼长。但是,黑人的处境差于其他任何群体,如果要分步实现福利的普遍上涨,应该从改善境况最差者起步。并且,优待黑人只是在效果上导致其他种族失去机会,这与公然将黑人隔绝在机会之外不可同日而语,并不会造成地位损害。[1] 三是社会整体福利的牺牲问题。在就业领域,反屈从原则要求突破择优用人,这必然导致社会整体生产率的损失。对此,费斯认为,以反屈从原则为标准,某些所谓社会整体福利其实并不正当。比如,将某个人群排除出劳动力市场,当然有助于缓解就业机会的稀缺性,有利于其他人群,但这种利益不为法律所承认。即便是正当的整体福利,也会被消灭屈从地位的目标所压倒。[2]

尽管反归类原则与反屈从原则差异巨大,但是费斯认为,二者并非完全互斥,而是可以根据一定规则共存。他将反歧视法的制度分成三个顺位。第一顺位是禁止公然排斥黑人,无论根据反归类原则或反屈从原则均可证立,不存在取舍问题。第二顺位是禁止某些表面无害的归类标准。反归类原则必须做出较大修补方可证立这一制度,适用反屈从原则更佳。第三顺位是优待黑人,这与反归类原则冲突尖锐,应适用反屈从原则。[3] 费斯将反歧视法的各项制度视作一个连续的光谱:伴随顺位的下降,反归类原则的适用性呈递减态势,而对于反屈从原则的需求则愈加强烈。

---

[1] Owen M. Fiss, "Groups and the Equal Protection Clause", 5 *Phil. & Pub. Aff.* 107, 163-164 (1976).
[2] *Ibid.*, 165-166 (1976).
[3] *Ibid.*, 170-172 (1976).

第二节　从侵权法模式到宪法模式：中国探索

　　费斯学说对中国的启示是多方面的。正如下文所示，中国反就业歧视法的诸多具体制度及论证，都可以在费斯学说中找到参照物。这既反映了各国职场歧视病理的相通之处，也折射出我国改革中的"法律移植"逻辑。但是，中美国情不同，完全照搬照抄无异于削足适履。比如，中国没有美式司法审查制度，最高人民法院并非阐释宪法平等价值的首要权威；中国没有美式种族歧视问题，黑人长期遭受的、深入法律细部和社会骨髓的歧视并非法律打击的对象。这就注定了美国法律的很多东西中国学不了，也不该学。中美两国反就业歧视法的可比之处，并不在于某些制度或理论片段，而在于一般理论。

　　制度多变，理论常新。观察者与其勉力追赶，毋宁动中取静，寻找共通的、恒定的规律作为抓手。一般理论就是这个抓手。首先，美国经验表明了一般理论对于反就业歧视法的重要意义。费斯展示了一般理论对于繁杂的法律实践的解释力，而且呈现出理念与制度之间的张力。近十几年来，中国的实践从稀缺到纷杂，制度从单纯到复合，理念从一统到分殊。"乱花渐欲迷人眼"，片段式的研究已无法统摄全局，一般理论的探索呼之欲出。其次，美国研究展示了反就业歧视法一般理论的结构和论证方法。费斯构造了反就业歧视法研究的纵深结构："元问题"是一般理论，一般理论的关键是平等就业的意涵，平等观的根本分歧在于价值冲突。为了逐步抵达问题的核心，费斯采取了四步论证法：首先概括主流理论——反归类原则，之后提出主流理论的一些局部的、非致命缺陷，再后指明其总体的致命缺陷并做超越，最后反思超越的产物——反屈从原则。[1]

一般理论的纵深结构与论证方法——而非具体观点——才是费斯学说的精髓，也是中美两国反就业歧视法的可比之处，更是两国学术和实践对话的公共平台。本章探索中国反就业歧视法的一般理论，不仅认同费斯对于纵深结构的判断，而且运用类似的论证方法：首先将我国反就业歧视法的主流概括为"侵权法模式"，之后分析其在乙肝病原携带者维权中的局限，再后揭示该模式对于维护妇女等群体平等权利的根本不足，提出新的平等观，最后讨论新平等观落实为制度、建立"宪法模式"的可能性。

一、侵权法模式的生成

自 1980 年代中期起，经过《劳动法》与《就业促进法》两大里程碑，中国反就业歧视法形成了侵权法模式。在理念上，侵权法模式以用人绩效为单一价值追求，借此提高用人单位和整个经济体的生产率。在制度上，侵权法模式以用人单位的主观状况为关注核心，要求"净化"人事决策过程，由此形成五大制度特征：一是倚重诉讼而非监察手段；二是主攻民事而非行政争议；三是认为歧视引发的是侵权之债而非其他类型之债；四是同时主张平等就业权和隐私利益保护；五是突出精神损害而非经济损失赔偿，以人格权而非财产权纠纷立案。个人主义贯穿了理念和制度，成

---

[1] 虽然费斯对于批判法学的主要观点并不苟同，但是类似的论证方式俨然已成为批判法学的通法："综合出正统观点——局部批判——整体批判并超越——对批判的批判"。Robert W. Gordon, "Critical Legal Histories", 36 *Stan. L. Rev.* 57, 58 n. 3 (1984). 可见，论证方法并不与特定观点相连接，而可为立场不一的论者所采纳。

为侵权法模式的哲学基础。

（一）《劳动法》与侵权法模式的奠定

《劳动法》第一次规定了平等就业权，是当代中国反就业歧视法的正源。[1] "平等"乃"歧视"的对称。《劳动法》第12条规定："劳动者就业，不因民族、种族、性别、宗教信仰不同而受歧视。"根据立法者的解释，该条的意义是："每个劳动者在劳动力市场的求职竞争中具有同等的权利，站在同一起跑线上，享受同等的机会，也就是平等竞争。"[2] 可见，就业的平等是指竞争机会的平等，平等竞争就是将法律所禁止的因素从人事决策中排除出去。

那么，以机会平等为内容的平等就业，其价值追求何在？原劳动部认为：平等就业是为了择优。[3] 而这一观点的依据则是《劳动法》立法的指导思想之一："效率优先，兼顾公平"。虽然这一思想直到《劳动法》出台前夕才获得中央采纳[4]，但其根源可追溯到1986年发表的《效率优先、兼顾公平——通向繁荣的权

---

[1]《劳动法》第3条。观点参见阎天：《重思中国反就业歧视法的当代兴起》，载《中外法学》2012年第3期。

[2] 全国人大常委会法制工作委员会国家法行政法室、中华人民共和国劳动部政策法规司、中华全国总工会法律工作部编著：《〈中华人民共和国劳动法〉释义》，中国工人出版社1994年版，第37页。

[3] 1994年8月31日，原劳动部下发《贯彻〈劳动法〉的依据和需立法的项目》，将1986年颁行的《国营企业招用工人暂行规定》作为《劳动法》第12条的"执行依据"。《暂行规定》通篇未提"平等"或"歧视"，而是强调企业招工必须"择优录用"。可见，原劳动部认为"择优录用"与歧视相对，而与平等相符。

[4]《中共中央关于建立社会主义市场经济体制若干问题的决定》，中国共产党第十四届中央委员会第三次全体会议1993年11月14日通过，第2节、第23节。《决定》是《劳动法》立法的直接依据。

衡》一文。[1] 文章提出两种平等观,将"效率"对应到机会均等,将"公平"对应到结果均等。对结果均等的追求暴露出了重大不足:一方面,为了实现公平,不得不将分配权集中于国家,限制了劳动者和用人单位的自由,阻碍了劳动力资源通过市场的配置;另一方面,结果均等违背按劳分配,挫伤了劳动者的积极性。合二为一,结果均等的要害就在于降低经济效率。作者主张树立保障效率的新平等观:"社会主义平等观的实质——机会均等本身就是一条效率原则"。不过,作者并不主张全盘舍弃公平,而是尝试以责任分配的方式来界定效率与公平、机会均等与结果均等的关系:公平由国家来实现,而企业只负责提高效率,并不承担实现公平的成本。

"效率优先、兼顾公平"在两种平等观——机会均等与结果均等——之间做出了抉择。《劳动法》基本接受了这个抉择,一方面将用人单位的责任限定在保障平等竞争、择优用人,另一方面规定由国家建立社会保障制度。《劳动法》评价人事决策的依据,是选人标准与目标——经济绩效——之间的匹配性,这与费斯笔下的反归类原则并无二致。但是,对于妇女问题,《劳动法》又突破了"效率优先、兼顾公平"。其一,《劳动法》在禁止性别歧视之外,专门规定不得歧视妇女;其二,《劳动法》规定了包括产假、职业禁忌在内的女职工的特殊保护;其三,《劳动法》在规定由国家兴办生育保险之外,又将女职工特殊保护的诸多责任赋予用人单位。为什么《劳动法》要打破对各性别的普遍保护?为什么要允许牺牲一些效率?为什么让企业分担实现公平的责任?立法者

---

[1] 周为民、卢中原:《效率优先、兼顾公平——通向繁荣的权衡》,载《经济研究》1986年第2期。

的回答是:因为女性有特殊的生理困难[1]。然而,有生理困难的劳动者何其多!女性究竟"特殊"在何处,配得上法律优待?在机会均等的平等观之内,问题无解。

尽管存在无解之题,但在《劳动法》颁布后的十余年间,以用人绩效为追求的平等观并未遇到重大挑战,成为中国反就业歧视法的主流平等观。《劳动法》并未完成这一平等观的制度化。就业歧视行为长期不可仲裁、不可诉讼,也不在劳动监察范围之内。制度的生长、理念与制度的结合,有待《就业促进法》实现。

(二)《就业促进法》与侵权法模式的生成

《就业促进法》赋予就业歧视的受害者以诉权,这是侵权法模式下制度的关键——全部制度特征可以概括为"以精神损害赔偿为主要诉求的人格侵权民事诉讼"。在很大程度上,这一制度体系是乙肝平权运动与政府法制改革之间持续互动的产物[2]。乙肝病原携带者的行动策略和话语建构,不仅影响了制度设计,而且影响了执法机关对制度的理解。

1. 平等理念的确立

自1990年代末期起,乙肝病原携带者通过虚拟结社等手段,逐步建立起身份的共同体——"乙人"。2003年,"乙人"中的积

---

[1] 全国人大常委会法制工作委员会国家法行政法室、中华人民共和国劳动部政策法规司、中华全国总工会法律工作部编著:《〈中华人民共和国劳动法〉释义》,中国工人出版社1994年版,第39、40页。

[2] 对这一互动的详细描述和讨论,见 Tian Yan, *China's Responsive Legal Reform: The Case of Employment Discrimination Law*, J. S. D. Dissertation, New Haven: Yale Law School, June, 2014。以下除非另行注明,讨论有关事实皆以该文为依据。

极分子借公共事件发起平权运动,要求修改公务员招录体检中的歧视性标准。[1] 他们的主张有二:一是携带者并不具有传染性,不会威胁公共卫生;二是携带者身体机能无损,不会影响工作。合二为一,是否携带乙肝病原与正当的目标——公共卫生和用人绩效——之间并无关联,因此乙肝不应成为人事决策的考虑因素,这就是"乙人"诉求的平等。用人绩效仍然是"乙人"平等的价值旨趣,行动者试图附和《劳动法》所奠定的主流平等观。

其实,乙肝病原携带者虽可能长期不发病,但仍有可能在任内转为肝炎病人;一旦发病,不仅传染性剧增,且症状将会影响履职,导致用人单位承担批准病假、调整岗位、另聘他人等风险成本。然而,行动者刻意隐去了这些影响效率的因素。他们不要求照顾和迁就,只要求择优录用的机会。这当然是为了尽量弱化诉求的再分配属性,争取健康人群的支持。同时也与行动者的骨干多毕业于法学院或从事律师工作有关:他们受到法学界流行的机会平等观念影响,且自身专业背景较强,有能力通过平等竞争获得工作。

2. 制度改造的进展

理念一经确立,乙肝平权运动就进入制度改造阶段。法律作为乙肝歧视的最大源头,首当其冲地成为改造对象。随着《传染病法》的修订,《公务员录用体检通用标准(试行)》《就业促进法》和《就业服务和就业管理规定》相继颁行,以及一系列行政

---

[1] 参见郁晓晖:《解读"乙肝歧视"——关于一项"社会病"的学术再界定》,载《社会》2004年第4期。

规范性文件[1]的发布,法律本身的改造基本告竣。平权运动的重心移向法律实施。个案执法有两大途径:劳动监察和劳动诉讼。而诉讼成为行动者所倚赖的主要途径,有实体和程序的原因。在实体上,劳动监察部门缺乏释法权限,无力对法律规定不清的歧视概念加以建构;劳动监察仅适用于劳动关系,无力管辖公共部门的就业歧视;劳动监察部门也无权就损害赔偿诉求作出裁决。而在程序上,劳动监察中法律专业人士发挥作用的空间较小,支持平权的律师和学者无用武之地;劳动监察的持续性、阶段性均不及诉讼,不利于行动者配合案情宣传理念、制造社会影响。此外,劳动监察部门对就业歧视问题的高度审慎,以及美国将私人诉讼用作首要执法工具的做法,也对劳动诉讼独大局面的形成起到了作用。

反就业歧视诉讼有行政和民事二途。与民事诉讼相比,行政诉讼中的法院受制更多:法院缺乏受理就业歧视纠纷的法律依据,又不愿轻易开罪行政机关,导致立案难。即便受理,政府的歧视行为往往也有文件作依据。法院无权审查行政规章以上文件的合法性;虽然有权拒绝适用规章及以下文件,通常也因顾虑与行政机关的关系而作罢。即便法院认定了歧视,由于《国家赔偿法》没有明文规定,法院对于判决赔偿极其谨慎。民事诉讼遂成为反

---

[1] 主要有:原劳动和社会保障部《关于维护乙肝表面抗原携带者就业权利的意见》(劳社部发[2007]16号);人力资源和社会保障部、教育部、原卫生部《关于进一步规范入学和就业体检项目维护乙肝表面抗原携带者入学和就业权利的通知》(人社部发[2010]12号);原卫生部办公厅《关于加强乙肝项目检测管理工作的通知》(卫办医政发[2010]38号);人力资源和社会保障部、教育部、原卫生部《关于切实贯彻就业体检中乙肝项目检测规定的通知》(人社部发[2011]25号);原卫生部办公厅《关于进一步规范乙肝项目检测的通知》(卫办政法发[2011]14号),等等。

就业歧视诉讼的主要类型。

要提起民事诉讼,就必须将用人单位与受歧视的劳动者之间的关系塑造为某种债的关系。合同之债、缔约过失和侵权之债都曾列入选项,而侵权之债最终成为主流。与侵权之债相比,其他选项各有缺陷。就合同之债特别是违约之债而言,精神损害赔偿并不适用[1]。并且,违约责任以劳动合同的成立和生效为前提,无法涵盖求职阶段的歧视。就缔约过失之债而言,虽然北京、深圳均有判决援用缔约过失框架,且影响颇大[2],但是劳动立法终究并未一般性地建立劳动缔约过失责任制度,两地判决的法律依据成疑。况且,缔约过失责任的赔偿范围通常只及于信赖利益和经济损失,不包含履行利益和精神损害[3]。更严重的是,假如用人单位在招录启事中就公然宣称"不招乙肝病原携带者"等,则应聘人无从信赖劳动合同将会建立,不可主张损害赔偿,而公然的歧视恰恰应是法律打击的重点。如此一来,法律构成要件较为清晰、损害赔偿范围较为广泛的侵权之债就成为上佳之选[4]。"侵权法模式"轮

---

[1] 虽然学界较多支持将精神损害纳入违约责任范围,但是最高人民法院的否定态度并未松动。参见韩世远:《合同法总论》(第3版),法律出版社2011年版,第616—621页。

[2] 俞里江:《劳动者在乙肝歧视案中的利益保护》,载《人民司法》2008年第24期;汪洪:《用人单位招工时歧视乙肝病毒携带者的责任认定——深圳中院判决肖春辉诉环胜公司劳动争议纠纷案》,载《人民法院报》2010年11月4日第6版。

[3] 关于缔约过失不赔偿履行利益,参见王泽鉴:《债法原理》(第2版),北京大学出版社2013年版,第246—247页。关于缔约过失不赔偿精神损害,参见李宝军:《非财产损害赔偿与缔约过失责任》,载《当代法学》2003年第3期。

[4] 笔者掌握判决书的28宗反就业歧视案例中,有23宗以侵权类案由立案。

廓渐显。

3. 理念与制度之间

但是，侵权之债之所以被广泛采纳，根本原因在于它契合了以用人绩效为价值追求的平等观。舍此则即便具备前文谈及的优势，也不可能获得主导地位。正如反归类原则那样，中国的主流平等观要求"净化"人事决策，关注决策者的主观状态。而侵权之债的过错责任原则提供了评价主观状态的基础。相比之下，违约责任一般属于无过错责任，不评价主观状态。缔约过失责任虽然属于过错责任，但是过错内容仅限于缺乏通过磋商达成合意的意愿[1]，这与大多数就业歧视案件不符。唯有侵权之债下的故意、过失、过错推定和无过错责任形成完整序列，为法院认定歧视的主观状态提供了充分空间。

侵犯平等就业权之债是对人事决策的事后评价，不免"缓不济急"。与其事后否定，不如事前阻止非法因素进入决策。为此，实务上将乙肝病原携带者的健康信息当作隐私，纳入名誉侵权的保护范围。[2] 正因为名誉权的人格属性，乙肝歧视纠纷的原告

---

[1] 韩世远：《合同法总论》（第三版），法律出版社2011年版，第125—127页。至于可否根据诚实信用原则扩张缔约过失所涵盖的过错内容，实务和学理上尚有争议。

[2] 隐私利益被当作名誉权的内容，始自《最高人民法院关于贯彻执行〈中华人民共和国民法通则〉若干问题的意见（试行）》第140条。原劳动和社会保障部2007年即发文提出保护乙肝病原携带者的隐私权。2010年，人力资源和社会保障部等三部门发出通知，要求乙肝检测必须由受检者提出方可进行。2010年、2011年，原卫生部办公厅连续发文，禁止入职体检时检测乙肝，受检者要求检验的权利被限定于在职体检。

多以精神损害赔偿为主要诉求[1]，法院也多以人格侵权方面的案由立案[2]。而经济损失的赔偿除缔约成本外，尚缺乏法定标准，获得支持的机会不大、程度不高，故非原告主张的重点。[3]

主流平等观对于人事决策主观状况的高度关注，同样决定了劳动监察和行政诉讼不可能成为平权运动所倚重的制度。主观状况往往需要通过原被告的多回合对抗来逐步查明，而监察执法缺乏展开对抗的结构条件，更适合于调查客观而非主观的情况。事实上，《劳动保障监察条例》所列举的、应当承担法律责任的情形，其归责基础均为行为或后果的违法性，至于行为人的主观状况则在所不问。类似的，就行政诉讼而言，由于要求招录机关重做行政行为、录用原告缺乏现实条件（职缺已被递补考生占据），原告一般只能主张国家赔偿。而国家赔偿遵循违法归责原则，同样不评价侵权人的主观状态。[4] 与之类似的是：美国最高法院对

---

[1] 笔者掌握判决书的28宗案例中，全部提出了精神损害赔偿诉求。18宗案件的法院认定了侵权存在，其中有15宗都判决了精神损害赔偿，获赔率达到83%。

[2] 笔者掌握判决书的23宗以侵权类案由立案的案例中，有15宗以人格权或隐私类案由立案，有7宗为兼顾精神损害和经济损失赔偿诉求而以就业权或更宽泛的侵权类案由立案，仅有1宗以财产权纠纷立案。

[3] 笔者掌握判决书的28宗案例中，9宗的原告提出了缔约成本的赔偿诉求并均获支持。22宗的原告要求赔偿履行利益或消极损害，其中14宗由于法院认定侵权不成立、应先由劳动仲裁管辖等原因而未获支持；获得支持的有8宗（获赔率仅36%），其中只有6宗提及损失的计算方法，且观点各异、尚无定论。

[4] 参见杨小君：《国家赔偿的归责原则与归责标准》，载《法学研究》2003年第2期。

于国家歧视行为的归责，早先也并不以过错为条件。[1]

总之，中国反就业歧视法的发展，贯穿了以用人绩效为追求的主流平等观。影响法制发展的因素很多，而主流平等观是唯一对五大制度特征都发挥重大塑造作用的因素。理念与制度的结合催生了"侵权法模式"，而个人主义则成为哲学基础。[2] 虽然平权运动的行动者宣称为本群体代言，但是他们所要求的并非整个群体地位的提升。至少，他们并不要求群体各成员的地位同步提高，而是希望遵循绩效原则，能者先就业、先提高地位。行动者的言不由衷，无疑构成巨大的讽刺，也预示着侵权法模式下平等观的危机。

二、侵权法模式的危机

侵权法模式的危机，首先从乙肝歧视案件显现，到性别歧视之争中则暴露无遗。从表面上看，危机发生在制度层面：法院不接受以间接证据证明歧视，不承认劳动者有权在健康方面作出虚假陈述，也不支持大额精神损害赔偿请求；男女同龄退休的修法尝试接连受挫，大幅延长产假的动议引发争执，反性骚扰的法定

---

[1] 最高法院的主要理由包括：尊重立法和行政机关，避免扣"歧视者"帽子；取证困难；即便认定存在主观的歧视，立法和行政机关完全可以换个非歧视的理由重做行为，使得司法审查沦为无用。Daniel A. Farber, William N. Eskridge, Jr. & Philip P. Frickey, *Cases and Materials on Constitutional Law: Themes for the Constitution's Third Century* (4th ed.), St. Paul: West, 2009, at pp. 210–211.

[2] 《侵权责任法》的立法者明确指出："过错责任原则的理论基础，是个人主义哲学。"全国人民代表大会常务委员会法制工作委员会编：《中华人民共和国侵权责任法释义》（第二版），法律出版社2013年版，第43页。

义务遭到用人单位抵制，等等。然而，制度危机的根源在于理念。侵权法模式秉持主流平等观，固守用人绩效为单一价值追求，无法论证为了用人绩效而牺牲其他价值，更无法论证为了其他价值而牺牲用人绩效。

（一）乙肝歧视案件的难题

1. 法院只接受以直接证据证明歧视

"证明难"一直是就业歧视诉讼的首要障碍。压倒多数的法院要求提供用人单位过错的直接证据，尤其是歧视性言词的记录[1]，而这对原告来说越发困难。用人单位往往并不暴露自己知晓原告携带乙肝，或者不承认考虑过乙肝因素。有鉴于此，学界要求改造证据规则，允许单纯以间接证据证明歧视，并适时转移证成责任。原告只需以间接证据满足初步证明要求，证成责任就转移给被告；被告如果不能提出人事决策的正当理由，就要承担败诉风险。[2] 这与美国差别对待（disparate treatment）歧视的证明方式非常接近。[3] 然而，只有少数法院接受了学界意见。[4] 原因何

---

[1] 笔者掌握判决书的 28 宗案例中，除 1 宗未提歧视的证明问题以外，剩余 27 宗中，有 7 宗通过用人单位当庭承认来认定歧视存在，14 宗通过劳动者提交用人单位具有歧视性的言词证据来认定。只有 6 宗完全不涉及直接证据。

[2] 例如，蔡定剑教授生前主持拟定的《反就业歧视法专家建议稿》第 46 条，载蔡定剑、刘小楠主编：《反就业歧视法专家建议稿及海外经验》，社会科学文献出版社 2010 年版，第 19—20 页。

[3] 参见 Steven J. Kaminshine：《差别对待歧视理论：重述的必要》，载阎天编译：《反就业歧视法国际前沿读本》，北京大学出版社 2009 年版，第 45 页。

[4] 典型者如俞里江：《劳动者在乙肝歧视案中的利益保护》，载《人民司法》2008 年第 24 期。

在?学者的主张看似只涉及证据类型和举证责任,实质上却改变了证明对象,将过错水平从故意降低为过失。在以直接证据证明歧视的案件来说,用人单位过错的性质显然是故意。而在学者的方案中,法律不再禁止歧视的故意,而是要求用人单位在做出涉及乙肝病原携带者的人事决策时,提高注意水平:从通常无须顾虑决策理由是否正当,提升到必须有正当理由。[1] 违反注意义务就构成过失。[2] 学界方案将故意歧视改为过错歧视,不仅改程序,而且改实体。这需要从价值上论证:用人绩效何以如此重要,以致要求新建过失歧视制度来进一步限制用人自主权?主流平等观无法提供用人绩效与用人自主两个价值的权衡标准。一旦引入价值权衡,就会如同美国的反归类原则那样,越出工具主义的内核,属于"上层建筑"了。

2. 就乙肝问题所做的不实陈述被认定为欺诈

乙肝病原携带者求职时,往往遭遇用人单位询问健康状况。例如,是否携带乙肝病毒,是"大三阳"还是"小三阳"等。《劳动合同法》将如实说明内容限于"与劳动合同直接相关的基本情况",而"与劳动合同直接相关"就是与履职能力相关。是否携带乙肝无关履职能力,不仅不在说明义务之内,而且为了防止求职

---

[1] 美国学者对差别对待和差别结果歧视中被告法律义务的实质做出了相同解读。Richard Thompson Ford, "Bias in the Air: Rethinking Employment Discrimination Law", 66 *Stan. L. Rev.* 1381, 1396-1403 (2014)。有人据此提出"过失歧视"的概念。David Benjamin Oppenheimer, "Negligent Discrimination", 141 *U. Pa. L. Rev.* 899 (1993).

[2] 此系《侵权责任法》立法者观点。并且,我国法律上也有提高特定情况下注意义务的先例。全国人民代表大会常务委员会法制工作委员会编:《中华人民共和国侵权责任法释义》(第二版),法律出版社2013年版,第46—47页。

者携带乙肝这一信息进入人事决策过程，还需将其作为隐私保护起来。[1] 据此，劳动者享有拒绝告知的权利。这与追求用人绩效的主流平等观一致。但是，"不说"的权利不等于"说假话"的权利。劳动者如果并不拒绝回答，而是告知虚假信息，为何不构成欺诈，使得用人单位在违背真实意思的情况下签约，从而导致劳动合同无效？[2]

对这个问题有三种解释。第一种解释是：构成欺诈的要件之一是隐瞒或不实陈述内容与履职能力相关。虚假陈述只要不涉及履职能力，就不构成欺诈。[3] 然而，这种观点假定：用人单位决策是否聘用某人，只考虑履职能力。事实上，履职能力以外的因素当然也会影响决策。只要这些因素并不被法律所禁止，就是正当的。比如，在若干履职能力相当的求职者中，某人谎称系用人单位领导同乡，于是获得聘用。按照法官的逻辑，由于籍贯与履职能力无关，一旦谎言被揭穿，用人单位不能以欺诈为由主张劳动合同无效。这显然是荒谬的。第二种解释是：构成欺诈的另一要件是违背用人单位真实意思。用人单位发问的目的在于排斥乙肝病原携带者，其真实意思具有歧视性，不受法律保护。然而，

---

[1] 立法者即认为，《劳动合同法》第8条"主要是为了防止用人单位侵害劳动者的隐私权"。全国人民代表大会常务委员会法制工作委员会编：《中华人民共和国劳动合同法释义》（第2版），法律出版社2013年版，第29页。

[2] 《劳动合同法》第26条："下列劳动合同无效或者部分无效：（一）以欺诈、胁迫的手段或者乘人之危，使对方在违背真实意思的情况下订立或者变更劳动合同的；……"

[3] 牛元元（北京市朝阳区人民法院）：《法律辩弈：职场隐婚VS就业歧视——北京朝阳法院判决志荣维拓公司诉徐娜娜劳动争议案》，载《人民法院报》2014年5月1日第6版。

法律在认定欺诈时,并不评价真意本身是否合法,只关心真意是否遭到违背。打击故意歧视自有法定途径,不应以非法打击另一非法。只有最后一种解释可以说得通:如果劳动者拒绝告知携带乙肝病原的情况,则用人单位几乎可立即推断拒绝是为了掩饰,乙肝因素也几乎肯定会进入人事决策,导致歧视。这与整个隐私保护的思路一致。然而,为了实现用人绩效、保护乙肝隐私,为什么可以、甚至必须违反《劳动法》第 26 条的文义,牺牲用人单位根据真实意思缔约的用人自主权?主流平等观再次面临挑战:在追求用人绩效之外,如何确定各价值的位阶?

3. 获得支持的精神损害赔偿金额偏小

精神损害赔偿是就业歧视案件原告的主要诉求。但是,法院判赔的金额通常只占诉求数目的很小比例,一般仅数千元。[1] 原因在于,法院认为乙肝歧视所造成的精神损害并不严重。[2] 有的法院将受歧视者的再就业当作判断精神损害程度的重要因素:因为歧视而求职受挫后,如果找到其他工作,并且另找工作所费时间不多,则精神损害并不严重。也就是说,精神损害源于怀才不遇的事实,而非导致怀才不遇的歧视。这符合主流平等观:法律所救济的精神损害的成因仅限于没有按照自身绩效获得评价。

为了获得更多精神损害赔偿,必须证明损害的严重性。原告

---

[1] 笔者掌握判决书的 28 宗案例中,有 15 宗判决了精神损害赔偿,总金额 8.8 万元,仅占诉求金额的 14% 左右,平均每宗案件获赔不足 6000 元。

[2] 损害的严重性是精神损害赔偿的必要条件。《侵权责任法》第 22 条、《最高人民法院关于确定民事侵权精神损害赔偿责任若干问题的解释》第 8 条。有的法院认为,由于损害轻微,判决赔礼道歉即足以弥补。

大多求助于医学,希望将精神损害诊断为精神病变。但是,达到病变程度的案例很少,而未病变的事实反过来被用人单位当做损害不严重的证据。唯一的出路在于:论证精神损害与歧视之间存在特殊关联,歧视受害者遭受了其他怀才不遇者所不曾遭受的损害。普通怀才不遇者即便偶遇挫折,只要另寻开明单位,或者提高个人绩效竞争力,总能够摆脱困境。而乙肝歧视的受害者却不能。由于乙肝歧视普遍存在,即便另寻工作,也很可能再度遭遇歧视;由于乙肝并不能治愈,受害者也无法通过改变自身条件来避免歧视。于是,乙肝歧视的受害者近乎绝望,这与普通怀才不遇者"偶尔的痛苦和不高兴"[1]不可同日而语。任何一次歧视都会催生和加重这种绝望,歧视者因此应付出更多赔偿。这一观点与美国法上的"过去歧视"理论异曲同工。然而,上述论证突破了以用人绩效为价值追求的平等观:其一,主流平等观在决定精神损害时只考虑是否怀才不遇,并不考虑造成怀才不遇的歧视。其二,绝望情绪并非全由某一单位造成,而是社会环境及负面体验累积的产物。让某一单位承担先前歧视者乃至整个社会的行为后果,违背了自己责任原则,突破了主流平等观的哲学基础——个人主义。至此,主流平等观在乙肝歧视案件中的危机已充分暴露。

(二)保护群体转换的困境

妇女、残疾人、同性恋者、艾滋病毒携带者等许多其他社会群体,仿效乙肝平权运动,倡导法律改革。他们都在一定程度上接受了以用人绩效为价值追求的平等观。乙肝歧视案件的难题大多源于为了用人绩效而牺牲其他价值,而新群体所抛出的价值危

---

[1] 全国人民代表大会常务委员会法制工作委员会编:《中华人民共和国侵权责任法释义》(第二版),法律出版社2013年版,第123页。

机要尖锐得多：他们要求为了其他价值而牺牲用人绩效。价值危机集中反映在方兴未艾的妇女平权运动之上。

1. 退休年龄歧视之争

我国确立了强制退休制度，规定男性60岁退休，女干部55岁退休，女工人50岁退休。改革开放以后，国家允许处级以上女干部和女性专业技术人员将退休年龄延长到60岁，但是大部分用人单位仍然强制女干部在55岁退休。[1] 学界普遍认为，男女不同龄退休构成性别歧视，并将男女同龄退休的正当性建立在用人绩效之上：女性年过半百之后，婚育和家庭负担减轻，工作经验丰富，工作能力更强；如果强制退休，不但剥夺了女性根据自身能力就业的机会，而且阻止了用人单位录用高绩效的女性员工。问题在于：工作能力因人而异，"一刀切"地断言55岁以上的女干部能力强，会让绩效判断失准，也违背了个人主义的取向。为此，一些地方将最迟退休年龄的决定权部分还给劳资自治：女干部满55周岁、女工人满50周岁后，经过协商，既可以延长到60岁退休，也可以立即退休。

然而，女性的最迟退休年龄既然已经统一，最低退休年龄为什么仍要区分女干部和女工人？干部与工人之别，是基于身份而非绩效，为什么不构成歧视？与女干部大多从事脑力劳动相比，女工人主要从事体力劳动。这种劳动对劳动者身体损耗较大，导致女工人的劳动绩效到一定年龄后即呈下降趋势，年龄较大的女工人很容易失去与年轻人竞争的能力。可见，要求女工人比女干

---

[1] 参见退休年龄问题研究课题组：《退休年龄问题研究报告》，载刘小楠主编：《反就业歧视的策略与方法》，法律出版社2011年版，第317页。以下除非另行注明，引用有关事实及学界观点均源于此文。

部提前退出职场符合绩效考量,并不构成歧视。然而,既然最迟退休年龄可以具体分析,那么最低退休年龄为什么仍要"一刀切"?国家和地方在这一问题上从未退让,其原因可用美国法上的"行政便利"来解释:如果允许劳资协商确定最低退休年龄,会给国家行使养老保险征管、社会救助等职能带来诸多不便,产生成本。但是,为什么可以为了降低行政成本而牺牲用人绩效?主流平等观无法解释。

2. 生育成本分担之争

妇女生育会影响工作能力。根据"效率优先,兼顾公平"的原则,企业人事决策应当只考虑用人绩效;生育成本应当由政府承担,生育保险制度即为一策。最近更有论者建议将产假延长为3年,期间由社会保险基金支付生育津贴。[1] 女员工怀孕、生育、哺乳期间均不在岗,用人单位无须依《女职工劳动保护特别规定》提供减轻劳动量、调换合适岗位、安排休息、设置育婴室等便利,而这些便利所带来的用人成本与用人绩效是矛盾的。因此,这一方案减轻了女性劳动者工作能力的劣势,顺应了用人单位的绩效追求。然而,即便生育保险能够均摊部分成本,只要女员工休产假,用人单位就需找人替工,付出招聘或调岗成本;产假期满后复职,用人单位又需安置替工者。用人单位为什么无权以拒招或解聘女工来规避这些成本?问题的关键仍然在于:为什么可以为了女职工生育而牺牲用人绩效、违背主流平等观?

3. 职场性骚扰之争

通说认为,性骚扰是性别歧视的一种。《女职工劳动保护特别

---

[1] 邹乐:《人大代表建议产假延长至3年》,载《北京晨报》2014年8月11日第A12版。

规定》规定了用人单位预防和制止性骚扰的义务。性骚扰系男员工所为,为何要求用人单位承担注意义务?[1] 诚然,男员工实施性骚扰,可能使得被骚扰者情绪低落、工作能力下降。纯为绩效考虑,用人单位也应遏制性骚扰。然而如此一来,追究单位责任就须以被骚扰者绩效下降为要件。这不仅很难证明,而且分明将女员工视作纯粹的工作机器。为此,学者将视角从加害人转向受害人[2],主张性骚扰与侮辱、猥亵、强奸妇女等行为一样,都损害了妇女的人格,应受到制裁。这已经超出了"只问绩效,不顾人格"的主流平等观。并且,强奸入罪,侮辱猥亵也至少可以治安处分;而性骚扰并非犯罪,通常也不可治安处分,推论便是性骚扰对人格法益的损害最轻。这会给受害人寻求精神损害赔偿带来困难:性骚扰所致精神损害的赔偿应低于侮辱猥亵的赔偿。对此,受害人可以主张:虽然侮辱猥亵所造成的一次性精神损害更大,但毕竟不常发生,受害人总有事过境迁、甩掉思想包袱的机会。而性骚扰行为正如乙肝歧视一样,几乎是一种遍在[3]。每一次性骚扰都会提醒受害人无处可逃,这种绝望情绪是侮辱猥亵的受害者很少会有的。然而,这一观点让用人单位承担先前骚扰者乃至整个社会的行为后果,进一步突破了主流平等观。

---

[1] 不履行这种注意义务就构成组织过失,用人单位可能因此承担法律责任。参见班天可:《雇主责任的归责原则与劳动者解放》,载《法学研究》2012 年第 3 期。

[2] 美国反歧视法上亦有从"延续歧视者的视角"到"受害人视角"的转变。Alan David Freeman, "Legitimizing Racial Discrimination through Antidiscrimination Law: A Critical Review of Supreme Court Doctrine", 62 Minn. L. Rev. 1049, 1052–1057 (1978).

[3] 何瑞琪、穗妇宣:《九成女大学生身边有过性骚扰》,载《广州日报》2014 年 6 月 13 日第 AII2 版。

综上所述,侵权法模式的所有危机——无法论证为了用人绩效而牺牲其他价值,也无法论证为了其他价值而牺牲用人绩效——都迫切需要引入新原则,建立价值权衡标准,而这恰恰是追求单一价值的主流平等观所无法实现的。

三、走向宪法模式?

侵权法模式的危机,关键在于主流平等观只追求用人绩效,无法处理用人绩效与其他价值的冲突。这与美国反归类原则的缺陷是一致的。反归类原则在表面上只讲求工具理性,并不亮明价值取向,而费斯鞭辟入里地指出了工具理性所力图掩饰的价值矛盾。掩盖是徒劳的,只会削弱法律对于价值矛盾的调节能力,减损法律的权威。从1930年代的法律现实主义者批评法律形式主义[1],直到批判法学和当代自由派法学家批评法律过程学派[2],这一观点可谓一以贯之。

费斯认为,克服反归类原则的缺陷必须具备两个条件:一是树立新的平等观,二是让新的平等观成为中介原则、也即主流的宪法解释,并落实宪法。对于中国而言,解脱侵权法模式的危机,需要树立以改善弱势群体地位为价值追求的新平等观。对于牺牲

---

[1] 有关文献选编为 William W. Fisher III, Morton J. Horwitz & Thomas A. Reed (eds.), *American Legal Realism*, New York: Oxford University Press, 1993.

[2] 批判法学对法律过程学派的批评,例如 Morton J. Horwitz, *The Transformation of American Law, 1870 -1960: The Crisis of Legal Orthodoxy*, New York: Oxford University Press, 1992. 当代自由派法学家对法律过程学派的批评,例如 Robert Post, "Theorizing Disagreement: Reconceiving the Relationship between Law and Politics", 98 *Cal. L. Rev.* 1319 (2010).

其他价值、保证用人绩效的情形,新平等观能够论证牺牲的正当性,加固主流平等观;而对于牺牲用人绩效,保证其他价值的情形,新平等观同样能够论证牺牲的正当性,克减主流平等观。群体的弱势属性越强,为改善其弱势地位而牺牲用人绩效的程度就越深,新平等观对于主流平等观的克减就越重。

费斯展现了新平等观经由宪法实现制度化的诱人前景。新平等观的宪法化,既需要在现行宪法中寻得依据,又需要说服行宪机关、启动行宪机制。我国宪法文本和实践提供了建立反就业歧视法宪法模式的可能。

(一)新平等观的理念与制度

为了克服侵权法模式的危机,中国反就业歧视法应当从反思主流平等观入手,参考反屈从原则,建立以改善弱势群体地位为价值导向的新平等观。"弱势群体"的概念与费斯的用法基本相当。它首先是"群体":既可以是基于某种自然属性而生——如乙肝病原携带者、妇女,也可以是由于社会建构而来——如干部、工人,更多的时候则兼具区别于其他人群的自然和社会特质——如进城务工人员。它又居于"弱势":与其他人群比较,不仅处在较低层级、占有较少资源,而且地位长期得不到改变。任何加重或延续群体弱势地位的人事决策,都违反新平等观,应受反就业歧视法打击。

新平等观信守群体本位,偏一保护弱势群体,追求地位改善,要求矫正人事决策的消极效果。而主流平等观遵从个人主义,对所有人一视同仁,追求用人绩效,要求排除人事决策的无关因素。二者的差异一望可知。不过,在不涉及价值冲突和选择的时候,适用哪种平等观的效果并无区别,二者可以相互替代。毕竟,正如费斯所言,群体与成员的福祉相互依存,如果主流平等观命令改善个人处境,那么对于提高群体地位也会有所裨益。然而,当价值冲突显露出来的时候，就需要同时适用两种平等观。一方面，对于需要为了用人绩效而牺牲其他价值的情形，新平等观能够为牺牲提供依据，从而扫除主流平等观的适用障碍。比如，将歧视的主观要件从故意降低为过失，以及将乙肝病原携带者的陈述义务从可以拒绝陈述降低为可以虚假陈述，都会进一步限制用人自主权，也都可以视作为改善乙肝病毒携带者群体的弱势地位而付出的必要代价。另一方面，对于需要为了其他价值而牺牲用人绩效的情形，新平等观同样能够为牺牲提供依据，从而克减主流平等观的适用范围。比如，让用人单位分担生育成本、赔偿因先前歧视和性骚扰所造成的损失，均可视作改善妇女和乙肝病原携带者地位的要求；为了便利行政机关改善妇女地位，即便对妇女最低退休年龄"一刀切"、禁止结合个人情况具体分析，也是值得的。并且，新平等观克减主流平等观的程度根据群体属性而有所区别。费斯就意识到：各群体的弱势程度不同，矫正时应优先改善"特别弱势群体"（specially disadvantaged group）——黑人的处境。[1] 进一步地，可以将群体依其弱势程度排列成谱系：群体的弱势越严重，往往就需要更大程度地牺牲用人绩效方可改善其地位，则新平等观对于主流平等观的克减就越重。

（二）新平等观的"宪法化"？

新平等观如何落实到制度上，成为中国反就业歧视法的指针，从而建立理念与制度合一的新模式？当费斯提出反屈从原则的时候，他毫不犹豫地诉诸宪法。唯有宪法能够落实反屈从原则的制度改造蓝图。这是因为宪法居于法律体系的顶端，具有最高的法

---

[1] Owen M. Fiss, "Groups and the Equal Protection Clause", 5 *Phil. & Pub. Aff.* 107, 155 (1976).

律效力；也是因为《宪法》文本、修宪和释宪历史等可以支撑反屈从原则作为中介原则的地位。反屈从原则的"宪法化"由此分成两个逻辑步骤：首先要在诸多平等观的竞争中胜出，然后要将反屈从原则输入执行宪法的机器。

费斯的局限性恰恰在于：他既没有充分论证反屈从原则比其他平等观更合乎宪法，也没有说服最高法院，启动美国最重要的行宪机制——宪法裁判。尤其是，他没有讲清为什么可以因为反屈从而牺牲社会整合度、其他群体利益和社会整体福利。对于社会整合度的损失，他认为只是一时的问题，却没有论证如何确定"一时"的长度。比如，纠偏行动何时应当停止，以免矫枉过正？[1] 对于其他群体利益的损失，他认为效果上的排斥和主观上的公然隔绝不可等量齐观，却忽视了反屈从原则恰恰以结果为导向。[2] 而对于社会整体福利的损失，他认为应将承担损失定为公民义务，却回避了最基本的损益权衡问题。[3]《平等保护条款之群体观》发表后的数十年间，自由派宪法学者致力于加强费斯论证

---

[1] 关于矫正时效问题的重要讨论见于 Paul Gewirtz, "Choice in the Transition: School Desegregation and the Corrective Ideal", 86 *Colum. L. Rev.* 728 (1986).

[2] 一些利益受损的群体即"以其人之道还治其人之身"，主张对黑人的优待构成对自身的反向歧视。参见 Charles A. Sullivan, "Circling Back to the Obvious: The Convergence of Traditional and Reverse Discrimination in Title VII Proof", 46 *Wm. & Mary L. Rev.* 1031 (2004).

[3] 由此引发了反歧视法是否有效率之争。参见 John J. Donohue III, "Is Title VII Efficient?", 134 *U. Pa. L. Rev.* 1411 (1986); Richard. A. Posner, "The Efficiency and the Efficacy of Title VII", 136 *U. Pa. L. Rev.* 513 (1987); John J. Donohue III, "Further Thoughts on Employment Discrimination Legislation: A Reply to Judge Posner", 136 *U. Pa. L. Rev.* 523 (1987).

的薄弱环节,但是说服最高法院的努力收效甚微。这当然有说理不足的缘故,也和渐趋保守的最高法院自有价值判断、并不那么"讲理"有关。

反屈从原则的美国宪政之旅受挫,"宪法化"是新平等观在中国落地的可行路径吗?宪法模式可能成长为与侵权法模式并立的理念和制度框架吗?答案同样取决于两个条件:新平等观能否在现行宪法中找到足够依据,以及能否将新平等观输入我国的行宪机制。对此,谨慎的乐观似乎是最合理的态度。

1. 新平等观的现行宪法依据

《劳动法》和《妇女权益保障法》承认现行宪法为立法依据,建立了反就业歧视法与现行宪法之间的联系。学界寻找反就业歧视法的宪法依据,均以行文类似美国《宪法》平等保护条款之故,诉诸现行《宪法》第 33 条第 2 款:"中华人民共和国公民在法律面前一律平等"。但是,该款究竟仅适用于法律执行,抑或同样适用于法律制定,学界与实务界观点分歧甚大。其实,现行宪法较之美国的优势之一,便是大量明文规定了妇女和劳动问题。寻找新平等观的宪法依据,应当采用体系解释,推究文本内各条款之间的关系。[1] 现行宪法支持新平等观的内容可分为两个方面:

第一,现行宪法在公民权利的普遍保护之外,支持对特定群体的偏一保护。这突出反映在关于妇女群体的规定:现行宪法不仅保障妇女"享有同男子平等的权利",而且特别提出培养妇女干部、保护母亲、禁止虐待妇女。[2]《劳动法》上偏一保护妇女的条款与现

---

[1] 参见 Adrian Vermeule & Ernest A. Young, "Hercules, Herbert, and Amar: The Trouble with Intratextualism", 113 Harv. L. Rev. 730 (2000).

[2] 现行《宪法》第 48 条、第 49 条。

行宪法相呼应。偏一保护否定了主流平等观的绝对个人主义和用人绩效导向，为群体本位和地位改善导向的新平等观开辟了空间。

第二，现行宪法中突出劳动的政治和社会意义，为新平等观克减主流平等观、超越单纯的经济绩效目标提供了依据。如果将现行宪法上的"劳动"等同于"劳动权"，进而等同于《劳动法》所建构的劳动关系中的权利，就陷入了误区。[1] 这种释宪思路将劳动矮化为劳动契约的标的，不仅为用人单位待价而沽、只论绩效的做法提供了依据，而且剥离了劳动的政治和社会意涵，违背了现行宪法的规定。[2] 无论在中国还是美国，宪法视野下的劳动从来不仅仅是谋生手段。美国宪法精神的开创者主张：工作取酬是公民身份的前提。他们既反对"不劳而获"的贵族，又反对"劳而不获"的奴隶，否定了欧洲的贵族制和奴隶制；他们将工作视为美德和劝诫，否定了基督教将工作视为原罪之罚的消极观点。这种"社会公民身份"（social citizenship）理论虽然没有明文写入《宪法》，但是被各地移民所接受，成为维系美国共同体的隐性传统，并被视作美国对世界宪政的重要贡献。[3] 而现行宪法褒扬劳

---

[1] 王德志：《论我国宪法劳动权的理论建构》，载《中国法学》2014年第3期。

[2] 对现行宪法中劳动的政治意涵的开示，见王旭：《劳动、政治承认与国家伦理——对我国〈宪法〉劳动权规范的一种阐释》，载《中国法学》2010年第3期。

[3] 参见茱迪·史珂拉：《美国公民权：寻求接纳》，刘满贵译，上海世纪出版集团2006年版。在传统政治日益衰败的当代，职场日益成为公共生活的重心，培养公民美德、维系共同体都有赖于职场内的融合。这使得劳动的社会政治意义更加突出。参见 Cynthia Estlund, *Working Together: How Workplace Bonds Strengthen A Diverse Democracy*, New York: Oxford University Press, 2003.

动,主张劳动光荣,提倡"爱劳动",不但将参加劳动视作国家伦理,而且明确以劳动为获得公民身份的条件——劳动是公民的义务。[1] 在国家秩序的建构上,劳动纪律如同法律和道德一样不可或缺,发挥支柱作用。[2] 如果为了用人绩效而将劳动者排斥在职场之外,片面追求劳动的经济价值而否定其社会和政治价值,不仅会损害劳动者的政治和社会人格,而且会伤及共同体的伦理和秩序基础。此时,引入新平等观、克减主流平等观的做法就获得了正当性。

但是,现行宪法又规定了"各尽所能,按劳分配"[3],这与主流平等观"量能就业"的取向相吻合。由于现行宪法的承认,量能就业不再仅仅是劳动契约的原则,而是具备了对于共同体的一般意义。换言之,用人单位以绩效为标准作出人事决策时,不仅促进了自身利益,而且帮助了国家目标的实现。如此一来,该条款与劳动政治、社会意义条款之间存在冲突。围绕这个冲突必然发生漫长的宪法对话和解释之争,新平等观能否最终胜出尚且未卜。

2. 新平等观与行宪机制的启动

如果新平等观能够在宪法平等的解释之争中胜出,那么如何将其输入我国的行宪机制,展开广泛的平权改革?答案取决于如何理解行宪机制。受美国影响,行宪机制往往被等同于司法审查。而与美国显著不同的是,法院、包括最高人民法院都不是我国行宪机制的主要部分。[4] 其主要原因大概并不在于法院不愿讨论宪法

---

[1] 现行《宪法》第24条、第42条。
[2] 现行《宪法》第53条。
[3] 现行《宪法》第6条。
[4] 通过激活"违宪审查"来建构反就业歧视法的尝试均遭遇挫折。参见周伟、李成、李昊等编著:《法庭上的宪法——平等、自由与反歧视的公益诉讼》,山东人民出版社2011年版。

解释[1]，而在于法院缺乏行宪的机构胜任力（institutional competence）。[2] 事实上，机构胜任力也长期困扰美国联邦最高法院：在理论层面，"九人"的宪法判断凌驾于民选部门，导致"反多数难题"，威胁人民主权和民主政治[3]；在实践层面，法官的政治经验和审慎不足，判决引发严重政治后果，如 Dred Scott 案成为内战导火索、Plessy 案导致种族隔离、Lochner 案阻碍进步主义改革。[4] 平等问题牵涉广泛、矛盾交织，如何解决会影响到社会转型的方向和进程，内战的血腥、民权运动的动荡就是明证。兹事体大，即便美国学者都不主张全权交给法院处置，而是提出加强立法和行政部门的决策，发挥行宪的协作优势。此即所谓"部门宪政主义"观点。[5] 可是，全国人大和国务院虽然远比法院有行宪能力，但是长期缺

---

[1] 齐玉苓案等反映了法院释宪的强大冲动。参见《最高人民法院关于以侵犯姓名权的手段侵犯宪法保护的公民受教育的基本权利是否应承担民事责任的批复》（法释 [2001] 25 号，已废止）。

[2] "机构胜任力"的观念兴起于 20 世纪初叶的美国公法思想，并为后来的法律过程学派等所继承和发展。William N. Eskridge, Jr. & Philip P. Frickey, "An Historical and Critical Introduction to The Legal Process", in Henry M. Hart Jr. & Albert M. Sacks, *The Legal Process: Basic Problems in the Making and Application of Law*, Westbury: Foundation Press, 1994, at pp. lix–lxii.

[3] Alexander M. Bickel, *The Least Dangerous Branch: The Supreme Court at the Bar of Politics*, Binghamton: Vail-Ballou Press, 1986.

[4] 参见 Jamal S. Greene, "The Anticanon", 125 *Harv. L. Rev.* 379 (2011).

[5] 强调立法部门行宪角色的如：William N. Eskridge & John Ferejohn, *A Republic of Statues: The New American Constitution*, New Haven: Yale University Press, 2010；强调行政部门行宪角色的如：Sophia Z. Lee, "Race, Sex, and Rulemaking: Administrative Constitutionalism and the Workplace, 1960 to the Present", 96 *Va. L. Rev.* 799 (2010).

乏讨论宪法解释的意愿[1]。中国的现状不仅与"司法中心主义"的行宪理念[2]不合，也与部门宪政主义理念不合。行宪机制的启动似乎无解，新平等观的落实近乎绝望。

然而，行宪不是国家的禁脔。行宪机制应当、且已经包括民众。随着宪政观念的深入人心，现行宪法在公共讨论中的能见度明显提高。越来越多的群体将诉求论证为现行宪法的要求，期望凭借现行宪法的最高政治和法律效力加以实现[3]。宪法诉求虽然法律意义微弱，但是由于民众支持，其所包含的政治和道德力量日增，往往促使国家作出回应。正是在国家与民众之间诉求—回应的不断循环中，宪法的意涵得以开示和更新。如果新平等观能够进入这一循环，未尝没有获得国家支持的机会。反就业歧视法的宪法模式就有了可能。

同时包容官民双方的行宪机制并非空想。即使在司法审查传统深厚的美国，民众在行宪机制中也不曾缺席。动员起来的民众或者通过压倒多数的选举彰显力量，唤起各个国家机关的响应，协力缔造行宪的"宪法时刻"[4]；或者在最高法院大法官遴选之争中展现意志，促使总统和国会服从民意，改变最高法院的阵型

---

[1] 唯一的例外可能是全国人大对准宪法——《香港基本法》的活跃解释。
[2] 对中美法学界司法中心主义行宪理念的批评，见田雷：《重新发现宪法——我们所追求的宪法理论》，载强世功主编：《政治与法律评论》(2010年卷)，北京大学出版社2010年版，第253页。
[3] 近年的"《物权法》违宪之争"和"异地高考之争"都是例证。
[4] Bruce Ackerman, *We the People*, *Volume 3*: *The Civil Rights Revolution*, Cambridge: The Belknap Press of Harvard University Press, 2014.

和版图,将宪法审查引向民众欲求的方向。[1] 更重要地,美国民众发起许多绵延多年的社会运动,通过同一主题的连串案例和事件,与各个行宪机关不断沟通,锲而不舍地渗透和改造它们对于宪法意涵的认知,并最终落实在立法、判例和行政决策中。[2] 这可称作行宪的"宪法对话"模式。如果说,中国并没有"宪法时刻"这样一举定乾坤的机遇,那么,至少"宪法对话"这样润物无声、滴水穿石的路径,对于中国并非完全的奢侈品。

宪法对话是实现新平等观的行宪机制。它的运转取决于两个条件:一是社会动员,将新平等观阐释为现行宪法的愿景,将民众集合在现行宪法的旗帜下;二是官民互动,推动民众与政府的相互交流、学习、磨合和妥协,让现行宪法成为公共讨论的通行话语,让新平等观成为公共生活的议题,潜移默化地进入法治体系。宪法对话需要宪法的阐释者,需要民众的组织者,需要立法和行政规则制定中的公众参与,需要政协和其他机关的协商民主,需要舆论监督,需要理性讨论,需要开放的治理之道,以及最重要的——需要耐心。对于中国反就业歧视法来说,过去十年那样高歌猛进的时代已然结束。下一个时代会是怎样?最可能的答案是:通过宪法对话,落实新平等观,建立中国反就业歧视法的宪法模式。

---

[1] Jack M. Balkin & Sanford Levinson, "Understanding the Constitutional Revolution", 87 *Va. L. Rev.* 1045 (2001).
[2] Reva B. Siegel, "Constitutional Culture, Social Movement Conflict and Constitutional Change: The Case of the de facto ERA", 94 *Cal. L. Rev.* 1323 (2006).

"中国需要持续的平权改革"[1]——这是中国反就业歧视法研究者和行动者的共识。从乙肝平权运动起算，改革已经走过了十年历程。随着平权运动的不断展开和深入，其内部张力愈发显著。越来越多的行为被主张成歧视，越来越多的人群要求平等保护，越来越多的主体参与平等观的塑造。矛盾、断裂乃至冲突，而非融贯、连续以及和谐，日益成为这场运动带给研究者的主要观感。矛盾来自"平权"的"持续"：时间的推移展拓平等的疆土，不但令其边界愈发模糊，而且使得核心与边缘、本质与外延之间的联系趋于松散——平等碎片化了，改革随之碎片化。碎片化损害了改革的道德力量，也阻碍了改革的思想和组织动员。碎片化还削弱了平等作为共同体价值基础的凝聚力，并模糊了平等作为宪法愿景的感召力。时间是每一个伟大共同体和伟大理想的天敌。

对于中国反就业歧视法来说，时间在十年前重新开始。后来者的使命，便是努力开掘和建构法律内部的融贯性，用反就业歧视法的一般理论来不断整合平等观，不断凝聚改革共识。在美国最高法院渐趋保守、平等观走向分裂的时代，费斯提出反屈从原则，为民权运动的重新出发鼓呼。在中国反就业歧视法的侵权法模式面临危机的今天，探索反就业歧视法的一般理论，是继承先行者志业的最好方式。

---

[1] 戴志勇：《中国需要持续的平权改革》，载《南方周末》2011 年 7 月 21 日第 E31 版。

第二章 民主管理

集体劳动关系法是调整集体劳动关系的法律规范的总称,它既保障劳动者在工会内民主的权利,又保障"劳动三权"——工会结社权、集体谈判权和争议行动权。[1] 1935 年,《国家劳动关系法》(National Labor Relations Act) 在罗斯福新政中出台。该法首次以立法形式在全国范围内承认了工会结社、集体谈判和发起争议行动的正当性,被公认为美国集体劳动关系法兴起的标志。在短短一代人的时间内,集体谈判成为劳资关系的主流模式,集体劳动关系法甚至成为"劳动法"的同义语。[2]

然而,从 1970 年代开始,美国集体劳动关系法就陷入了衰落:由于工会结社率一路走低,工会结社和集体谈判方面法律的适用越来越少,其在劳动法中的主导地位被个别劳动关系法所取代;由于政治支持度不断下降,集体劳动关系法长期得不到更

---

[1] 参见程延园:《"劳动三权":构筑现代劳动法律的基础》,载《中国人民大学学报》2005 年第 2 期。
[2] 美国"劳动法"(labor law) 概念有狭义和广义之分。狭义的劳动法就是指集体劳动关系法。广义的劳动法则还包括个别劳动关系法(即雇佣法,employment law)。

新,俨然已成旧时代的古董。如今,工人运动、集体谈判和集体劳动关系法的共同没落,已成为不争的事实。[1] 那么,集体劳动关系法的盛衰之道何在?这是美国劳动法学最近三十年间的讨论主题。[2]

制度的演进固然是多方面合力的产物,而本章尝试从工业民主(industrial democracy)的角度加以解读。这一概念由英国经济学家韦布(Webb)夫妇于1897年最先提出。[3] 工业民主首先是一种价值导向,它将民主从政治领域推及经济领域,并确定为集体劳动关系法的重要目标。工业民主还是一套制度体系,它将集体劳动关系法理解为实现工业民主的制度工具,包含着两个维度:一是工会民主,是指劳动者通过工会实施民主自治;二是劳资民主,是指劳资双方通过集体谈判实现民主共治。[4] 历史表明:当工业民主的价值导向获得牢固确立、制度设计符合现实需要时,集体劳动关系法就迎来兴盛;反之,当价值导向遭到削弱、现实挑战未获回应时,集体劳动关系法就难逃衰落的命运。

对于我国而言,美国集体谈判法的兴衰不乏启示。这是因为,工业民主同样是我国宪法和法律的重要价值追求,而参加工会、

---

[1] 参见 Cynthia L. Estlund, "The Death of Labor Law?", 2 *Ann. Rev. L. & Soc. Sci.* 105 (2006).

[2] 学界讨论的综述见马克·巴伦伯格:《劳动法学的过去和未来》,阎天译,载《北大法律评论》第16卷第1辑(2015年)。

[3] Sidney Webb & Beatrice Webb, *Industrial Democracy* (New ed. in Two Vols. Bound in One), London/New York: Longmans, Green & Company, 1902.

[4] 关于工业民主的概念,见 Walther Müller-Jentsch, "Industrial Democracy: Historical Development and Current Challenges", 19 *Management Revue* 260 (2008).

集体协商也是我国实现工业民主的主要制度工具。近年来，我国劳资群体冲突不断增多，日益暴露出劳动者组织的无序性、劳资冲突协调的低效性，以及冲突本身对社会经济秩序的破坏性。于是，劳动关系的集体化成为政府、工会和学界公认的应对之策。在全国总工会的强力推动下，我国工会建设从公有制经济扩展到私营经济、从大中型企业扩展到小企业[1]；而截至2015年年末，通过集体协商缔结集体合同的比例达到80%[2]。"中国的劳动关系正由个别劳动关系调整向集体劳动关系调整转型"[3]。

然而，在我国，劳动关系的集体化却并未带来集体劳动关系法的大发展。一方面，集体劳动关系法的价值基础薄弱，不仅因为劳动关系集体化给社会稳定造成的潜在压力而长期被小心处理，而且与经济增长的追求相抵牾，在法律改革议程中长期处于边缘。另一方面，集体劳动关系法的制度落地困难，在司法中长期遭到架空。价值与制度的双重困境一齐指向工业民主。工业民主是我国反思美国集体劳动关系法的纽带。本章就以工业民主为中心，探讨美国集体劳动关系法的兴衰和启示。文章前两节分别研究美国集体劳动关系法兴盛和衰落的原因，第三节则集中思考我国如何汲取经验教训、完善相关制度。

---

[1] 例如，全国总工会《关于加强私营企业工会工作的意见》（总工发〔1995〕6号）；《工会法》于2001年修订时，取消了关于只有职工人数多于25人的企业才可以建立工会的规定。

[2] 人力资源和社会保障部等《关于推进实施集体合同制度攻坚计划的通知》（人社部发〔2014〕30号）。

[3] 常凯：《劳动关系的集体化转型与政府劳工政策的完善》，载《中国社会科学》2013年第6期。

第一节　美国集体劳动关系法的兴盛之道

美国《国家劳动关系法》出台于新政期间,是对经济萧条和工潮的紧急回应,具有强烈的维稳色彩。其价值基础并不牢固,制度框架也不成熟。二战结束后不久,该法就在工会内部领域面临工会贪腐、滥权的难题,在劳资关系领域遭遇法律现实主义思潮的冲击。有鉴于此,第一代劳动法学人立足于法律过程学派,一方面强调以会员权利制约工会集权,提出工会民主观点,为工会治理的改革提供了明确的价值取向;另一方面将政治多元主义应用于劳资关系,提出多元主义的劳资民主观点,为集体谈判制度提供了有力的价值支撑。工业民主的两个面向——工会民主和劳资民主——都获得加强,成为美国集体劳动关系法兴盛的重要原因。

（一）维稳:《国家劳动关系法》的制度逻辑

《国家劳动关系法》开篇即明确了立法目的:"消除那些给……贸易造成负担或障碍的集体劳动争议的动因。"[1] 换言之,以劳资关系的稳定促进经济（贸易）发展,或曰"维稳",是该法的制度逻辑。

这一逻辑脱胎于立法背景。自 19 世纪后期开始,美国工人组织和罢工活动蓬勃发展,带来了严重的"工运问题"（labor question）。[2] 1929 年,美国经济爆发大危机,随之迎来大萧条;由于失业和贫困的刺激,工潮此起彼伏,并在《国家劳动关系法》出

---

[1] Pub. L. No. 74-198, 49 Stat. 449 (1935).
[2] 参见 Rosanne Currarino, *The Labor Question in America: Economic Democracy in the Gilded Age*, Urbana: University of Illinois Press, 2011。

台前一年迎来高峰。俄亥俄、加利福尼亚和威斯康星等州都爆发了流血罢工；从缅因到阿拉巴马，35万纺织工人发动起事，影响遍及全美国。[1] 新政的领导人认为，只有尽快让劳资关系恢复和平，才能消除工潮给经济带来的"负担或障碍"，实现产业复兴。这是《国家劳动关系法》出台的政策考量。

那么，如何实现劳资关系的和平？美国政府吸取了欧陆国家的经验和教训。经验在于：工人通过结成工会，可以增强谈判力，达到与企业一方力量基本相当的程度，劳资双方由此可以通过集体谈判来化解冲突。而教训在于：如果不限制冲突的范围，任由劳资矛盾演化为全国甚至跨国阶级斗争，并指向国家政制，就会造成持续的社会动荡。只有将劳资矛盾控制在工厂层面、将利益诉求限制在经济利益，才能实现长治久安。[2]

基于上述考虑，《国家劳动关系法》建立了美国集体劳动关系法的制度框架。在工会内部，这一框架的主要特点是工会高度集权。工会一经产生，就依法拥有代表本单位之内所有劳动者参加集体谈判的排他权利。劳动者不仅向工会让渡了与雇主个别谈判的权利，而且让渡了发起"协同行动"（concerted activity）的权利，包括举行罢工、杯葛（boycott）和设置纠察线。法律希望工会能够垄断劳方力量，发挥约束劳动者的作用，防范个别劳动者的过激行为。

而在劳资关系方面，这一框架的主要特点是保护"劳动三

---

[1] Melvyn Dubofsky, *The State and Labor in Modern America*, Chapel Hill: The University of North Carolina Press, 1994, at p. 123.

[2] 关于美国和欧洲资本主义国家集体劳动关系法的区别，见德里克·柯提思·博克：《反思美国劳动法的特征》，阎天译，载《社会法评论》第6卷（2016年）。

权":首先,该法保障劳动者享有组织和加入工会的权利。雇主不得采取杯葛工会的措施,例如解雇会员骨干、自设听命于老板的工会,或者干涉工会遴选代表的过程,否则就构成所谓"不当劳动行为"(unfair labor practice)。工会的建立以工厂或企业为基本单位,通常不承认更高层级工会的集体谈判权。其次,雇主有义务就工资、工时及其他雇佣事宜,在诚实信用的基础上,与工会展开集体谈判。超出雇佣事宜的企业经营决策或政治事务,均不在谈判内容之列。再次,为了促进结社或在集体谈判时向对方施压,劳动者有权采取协同行动。最后,该法建立了国家劳动关系委员会,负责处理不当劳动行为、监督工会选举等工作。[1]

总之,《国家劳动关系法》诞生于经济危机和工潮的阴影下,具有鲜明的对策性,其政策目标极为单一,制度逻辑也颇为直白:通过稳定社会来促进经济。如此单薄的价值基础和制度框架,在危机过后立即遭遇了挑战。

(二)民主:《国家劳动关系法》的价值重构

1. 美国集体劳动关系法的危机与回应

《国家劳动关系法》的危机并不复杂。既然国家规制集体劳动关系的全部目的就在于社会稳定和经济发展,那么,如果通过工会结社和集体协商以外的手段也能达到相同目的,就没有理由一定要走《国家劳动关系法》所设定的道路。第二次世界大战期间,纳粹德国采取所谓"企业共同体"的劳资关系模式,取缔工会,废除集体谈判,建立由企业主、工人、职员、自由职业者等参加

---

[1] Archibald Cox, "Labor Law", in Harold J. Berman (ed.), *Talks on American Law* (REV. ED.), Voice of America Forum Series, 1978, at pp. 169–171.

的所谓"德意志劳动阵线",作为纳粹党在劳资关系上的代言人。这些做法镇压了工人运动,缓解了失业问题,在安定社会的同时提振经济,使德国迅速摆脱危机。[1] 既然能够实现相同的社会经济目标,凭什么纳粹的做法是不正义的、美国的做法却是正义的?

在现实主义(legal realism)法学家看来,法律根本就没有能力区分纳粹和美国正义与否。因为,"法律是政策"。更准确地讲,法律只是实现特定政策的工具,其价值只能从外部衡量,体现在能够促进政策目标的落实,而不存在脱离政策目标的所谓"内在"价值。[2] 从外在价值来看,纳粹和美国的集体劳动法都实现了目标,确实没有高下之分。而美国社会迫切希望筑起法律防线,证明美国体制的正当性,阻止纳粹思潮的侵蚀。这就要求超越法律现实主义,为集体劳动关系法寻找坚实的内在价值。

这个任务是由法律过程学派(legal process school)完成的。他们认为,包括集体劳动关系法在内的一切法律都不仅拥有相对的、工具性的外部价值,而且具有绝对的、本体性的内在价值。这个价值就是民主。学派的主要创始人之一朗·富勒指出:"法律要想配得上人们的效忠,就必须彰显人类的成就,而不能仅仅是权力的命令。"[3] 而民主就是法律所必须彰显的成就之一,"法律

---

[1] 邓白桦:《纳粹德国"企业共同体"劳资关系模式研究》,同济大学出版社2012年版。

[2] 参见 William N. Eskridge, Jr. & Philip P. Frickey, "An Historical and Critical Introduction to the Legal Process", in Henry M. Hart, Jr. & Albert M. Sacks, *The Legal Process: Basic Problems in The Making and Application of Law*, Westbury: The Foundation Press, 1994.

[3] Lon L. Fuller, "Positivism and Fidelity to Law—A Reply to Professor Hart", 71 *Harv. L. Rev.* 630, 632 (1968).

与民主的关系问题应成为下一代法律学人关注的中心"[1]。是否坚持民主被用作了检验法律是否正义的试金石,也成为《国家劳动关系法》区隔于"企业共同体"模式的分水岭。

那么,民主在集体劳动关系法中的具体含义如何?这可从工会内部和劳资关系两个角度来分析。

2. 工会民主的诠释

从工会内部来看,民主体现在对于会员权利的保障。这首先是指会员对工会事务的参与权,包括知情权、批评权和选举权;也是指获得平等对待的权利,不因政治观点、种族、性别等而受歧视;还是指获得正当程序保护的权利,尤其体现在内部纪律处分必须满足一定的程序要求。[2]

会员民主与工会集权是一对天然的矛盾。一方面,工会集权确有必要。有学者将员工队伍比作军队,将工会比作指挥部门。劳资谈判无异于战争,为了以有利条件达成休战——集体协议,必须服从领导,严明军纪,杜绝异议。如果劳动者撇开工会,与雇主单独协商,则无异于军人开小差的行为,这会削弱劳方的团结,减低工会的谈判力。而如果只要求工会听从劳动者诉求,不强调劳动者服从工会的判断,就可能导致工会为劳动者的短期、局部利益所困,无法追求长期的整体利益,以致徒有回应性(respon-

---

[1] William N. Eskridge, Jr. & Philip P. Frickey, "An Historical and Critical Introduction to the Legal Process", in Henry M. Hart, Jr. & Albert M. Sacks, *The Legal Process: Basic Problems in the Making and Application of Law*, Westbury: The Foundation Press, 1994, at p. lxviii.

[2] Clyde W. Summers, "The Public Interest in Union Democracy", 53 *Nw. L. Rev.* 610, 613 (1958)。萨默斯教授是工会内部民主问题研究的先驱。

siveness），而无力对劳动者的真正福祉所在负责（responsibility）。[1] 总之，劳动者向工会让渡权利是获得集体力量的必要代价。

然而，工会集权一旦失去制约，就会走向极端。20世纪50年代，工会领袖滥用权力的现象引起关注。他们操纵选举，排斥异己；滥收会费，中饱私囊。法院和学界越来越认为：仅仅从反腐的角度，都有必要加强会员的民主权利。况且，工会集权的理由也并非不可商榷。诚然，个别劳动者撇开工会与雇主单独协商，会损害工会的谈判力。但是，他们之所以撇开工会，往往是因为个人利益无法与工会所代表的集体利益相调和；而民主参与程序恰恰可以提供个人表达利益、与工会领导人协商的渠道，带来了达成共识、避免开小差现象的机会。正如纽约州上诉法院在判决书中所言："与其他民主组织一样，工会从允许表达自由和政治分歧自由中所得的收益，要大于因为不团结所遭受的损失。"[2] 并且，虽然强调民主回应性可能导致不负责的短视做法，但是如果离开民主，当政的工会领导不仅同样可能短视，而且可能根本无视会员权益——这在民主制下很难发生。民主不失为避免最坏情形的替代措施。[3] 如果能够实现工会集权与工会民主的平衡，就有可能"解决民主制的根本问题：如何将行政效率和大众控制结合起来"。[4]

---

[1] 参见 Clyde W. Summers, "The Public Interest in Union Democracy", 53 Nw. L. Rev. 610 (1958)。这和军队建设中片面强调军事民主、不注重服从命令的问题是一致的。

[2] Madden vs. Atkins, 151 N. E. 2d 73, 78 (1958).

[3] 参见 Clyde W. Summers, "The Public Interest in Union Democracy", 53 Nw. L. Rev. 610, 620 (1958)。

[4] Sidney Webb & Beatrice Webb, *Industrial Democracy* (New ed. in Two Vols. Bound in One), London/New York: Longmans, Green & Company, 1902, at p. 38.

反腐的需要、以及集权与民主相互平衡的前景，一齐催生了工会内部民主立法。1959 年，《劳管申报和披露法》（Labor-Management Reporting and Disclosure Act）出台，其中设置了三大反腐制度。一是制定《会员权利法案》（Bill of Rights），保障会员在工会内的言论、选举等权利，使其免遭会费盘剥和不当纪检处分；二是要求工会及其官员每年向联邦申报财务状况，并向会员和公众披露；三是规定工会官员对工会和会员群体承担受信义务。[1] 新法的出台完善了美国集体劳动关系的法律制度架构，发展了工会内部民主，促进了集体劳动关系法的兴盛。

3. 劳资民主的诠释

从劳资关系来看，民主体现在劳动者集体与企业一方的二元谈判上。在集体谈判过程中，工会代表的劳方与资方构成两个对立的利益集团，他们之间的讨价还价和民主有什么关系？在二战以前，答案是没有关系。相反，根据共和主义的民主观念，包括企业在内的组织体在决策时，参与者应当秉持公心（civic virtue），通过公议（deliberation），发现公益（common good）；当大公无私的参与者们对于公益何在产生分歧时，采取多数决的原则作出最后决定，而这也是民主的含义所在。照此看来，劳资双方无公心而谋私益，其谈判过程不符合共和主义的基本要求，根本谈不到民主问题。[2]

二战以后，美国政治和法律学者对于民主作出了新的诠释，使得集体谈判成为民主的内容。这一诠释首先是由政治多元主义

---

[1] 29 U.S.C. §§ 411, 431, 432, 435, 501.
[2] 参见阎天：《社会运动与宪法变迁：以美国为样本的考察》，载《华东政法大学学报》2015 年第 3 期。

学者开启的。他们意识到，人们为利益而结成团体，团体的多元共存不可避免，共和主义等关于公民团结为公的想象必须打破。[1]而利益团体恰恰是实现民主的关键所在。一方面，正是利益团体之间无休止的讨价还价，使得民主可以运作，也令整体利益（Good of the Whole）在团体间妥协的基础上获得实现。利益团体堪称民主的"看家犬"。[2]另一方面，各团体成员的身份广泛交叉、变动不居，"从属关系、效忠和激励不仅多元，而且在政治上不协调，减低了政治选择中所包含的情绪和进攻性"。[3]这样一来，广泛、稳定的阶级一致难以达成，从而实现了民主的稳定。[4]利益团体堪称民主的"减压阀"。总之，在政治多元主义者看来，所谓民主，就是指利益集团的多元共存和持续谈判。

法律过程学派将政治多元主义的民主观适用于集体劳动关系之中，论证了以法律促民主的重要性。对于多元主义而言，最大的威胁不在于两派相争，而在于一派独大，使得谈判无法运转。[5]因此，法律应当站在谈判力较弱的一边，监督谈判规则的实施，充当维系谈判的工具。在资强劳弱的格局下，《国家劳动关系法》

---

[1] 戴维·赫尔德:《民主的模式》（第3版），燕继荣等译，中央编译出版社2008年版，第186—187页。
[2] John Chamberlain, *The American Stakes*, New York: Carrick & Evans, 1940, at p. 28.
[3] Seymour Martin Lipset, *Political Man: The Social Bases of Politics*, Garden City: Doubleday & Company, 1960, at p. 88.
[4] 戴维·赫尔德:《民主的模式》（第3版），燕继荣等译，中央编译出版社2008年版，第187—188页。
[5] Cass R. Sunstein, "Interest Groups in American Public Law", 38 *Stan. L. Rev.* 29, 32-35 (1985).

打击雇主的不当劳动行为，正发挥了多元主义民主"完善者"（perfecter）[1]的职能。这样一来，政治多元主义和法律过程学派实现了融合。学者用"工业多元主义"（industrial pluralism）来概括劳资关系中的新型民主。[2]

总之，工业多元主义重新界定了法律调整劳资关系的目标。它与工会内部的改革一道，为集体劳动关系法找到了新的、固有的价值基础——工业民主，从而推动了美国集体劳动关系法的兴盛。

第二节 美国集体劳动关系法的衰落之因

20世纪60年代初，美国集体劳动关系法达到极盛状态。工会会员占全体劳动者的比例达到30%左右，集体劳动关系纠纷成为律师业的重要业务类型之一。同时，集体劳动关系法的判例层出不穷，发展迅速。由于个别劳动关系领域的国家规制尚少，且基本限于普通法，所以集体劳动关系法不仅是劳动体系当之无愧的重心，甚至和"劳动法"的概念本身画上了等号。

然而好景不长。自20世纪70年代开始，集体劳动关系法就迎来了缓慢而势不可挡的衰落。根据佐治亚州立大学的研究，非农业部门劳动者参加工会的比率已经连续四十多年下降，至2015年降到11.1%；被集体谈判协议覆盖的劳动者比例相应降

---

[1] Bruce A. Ackerman, "Beyond Carolene Products", 98 *Harv. L. Rev.* 713, 740-741 (1985).

[2] 参见 Katherine Van Wezel Stone, "The Post-War Paradigm in American Labor Law", 90 *Yale L. J.* 1509 (1981).

至12.3%。[1] 而经济合作与发展组织（OECD）的评估则更悲观：早在2013年，工会参会比率就降到了10.8%，且仍呈进一步下降之势。[2] 集体劳动关系的衰落，反衬出个别劳动关系的盛行。国家规制重点逐渐转移到个别劳动关系法。如今，许多法学院只开设个别劳动关系法课程，集体劳动关系法反而成了可有可无的知识。[3]

美国集体劳动关系法为什么会衰落？在某种意义上可以说：集体劳动关系法因为工业民主的巩固而兴盛，又因为工业民主的动摇而衰落。在工会内部，由于立法改革不彻底，工会仍然过度集权，会员在工会怠于履行职责时缺乏救济途径，在个人利益之间发生冲突时也缺乏协调方式，导致工会对劳动者的吸引力逐步下降。而在劳资关系上，法律经济学派指责《国家劳动关系法》损害社会生产率，而支持集体谈判的学者未能作出有效回应，使得国家政策导向愈发不利于集体谈判。工业民主的两个面向——工会民主和劳资民主——同时陷入困境，成为美国集体劳动关系法衰落的重要动因。

（一）工会民主：过度集权的困境

美国工会过度集权、对会员权利保障不足的问题，随着《劳

---

[1] 数据来源：http://unionstats.gsu.edu/State_Union_Membership_Density_1964-2015.xlsx；http://unionstats.gsu.edu/State_Union_Coverage_Density_1977-2015.xlsx（最后访问2016年2月1日）。

[2] 数据来源：https://stats.oecd.org/modalexports.aspx?exporttype=excel&FirstDataPointIndexPerPage=&SubSessionId=fcfc4fa3-be27-4872-94f8-593eaa23eaea&Random=0.05986893184440489（最后访问2016年2月1日）。

[3] 参见Cynthia Estlund, "Reflections on the Declining Prestige of American Labor Law Scholarship", 23 *Comp. Labor L. & Pol'y J.* 789 (2002)。

管申报和披露法》而有所缓解。然而，该法的改革并不彻底，突出表现在：立法者的目标仅限于打击工会腐败[1]，并没有针对腐败的根源——工会过度集权，从平衡工会集权与民主的高度，对工会民主进行系统的设计，可谓"治标不治本"。当工会过度集权的问题以腐败以外的新形式表现出来时，《劳管申报和披露法》就暴露出应对能力不足的弊端。新的问题形式主要有两种：工会怠于履行职责，以及工会所订立的集体合同无法兼顾会员个人利益。

1. 工会不作为问题

如果说，《劳管申报和披露法》主要针对的是工会"乱作为"的现象，那么，从1960年代后期开始，"不作为"就取代"乱作为"，成为工会过度集权的突出表现。首先，是否发起集体谈判要约的决策权完全掌握在工会手中。当企业内劳资尖锐对立、亟须启动集体谈判之时，如果工会怠于履行职责、拒绝发出要约，按照该法的规定，会员只有一条狭窄的救济途径。会员先要证明工会不作为的原因是工会领导人违反了对于工会及全体会员的受信义务；然后申请启动工会内部调查和追责程序；在内部程序不支持其诉求的情况下，方可向法院起诉。[2]这种救济方式的缺陷显而易见：对会员搜集证据的要求过高；内部程序很容易被受指控的工会领导人所控制；整个过程过分漫长，无法应对劳资矛盾一触即发的紧急局面。

其次，是否追究企业违反集体合同责任的决策权完全掌握在工会手中。当企业违反集体合同、损害会员个人利益时，按照

---

[1] 按照美国国会的意见，该法仅仅针对"违反受信义务、贪腐、罔顾雇员个人权利"的行为。29 U.S.C. § 401 (b).
[2] 29 U.S.C. §§ 501 (a) & (b).

《劳管申报和披露法》，会员无法直接起诉企业，只能请求工会代为维权。可见，一旦发生工会不作为问题，会员既无法通过外部监督让工会行动起来，也无法绕开工会、自行寻求其他救济措施。归根究底，这都是工会过度集权所致：会员不但把发起谈判要约、追究企业违约责任的权利全部让渡给了工会，而且还把工会怠于履职时的救济权过多地出让给了工会。集权固然能够提高效率，却打破了民主与集权的平衡；而正如韦布夫妇所言，这个平衡本是"民主制的根本问题"。[1] 解决之道在于放松集权并加强民主，实现再平衡。遗憾的是，美国集体劳动关系法没有走出这一步。最终，会员无权的现状令劳动者失望，导致了工会覆盖率的下降。

2. 个人利益冲突问题

工会内的会员情况千差万别，其利益不可能完全一致，甚至存在尖锐冲突。例如，高年资会员虽然资深，但是体力、精力随着年龄增长而逐步下降，他们往往希望工资与工作年限挂钩；而低年资会员虽然资浅，但是年轻力壮，他们更可能希望工资采取多劳多得的方式来计算。如何协调这种冲突？工会内部一般采取多数决原则来决策，这导致少数者的利益缺乏代表机制。长此以往，工会对于少数者的吸引力会下降，入会率随之减低，从而动摇集体劳动关系法的根本。为了避免这种前景，美国政府和工会采取过三方面的对策，但均收效不佳。

第一，完善工会内部的利益表达机制，保障少数派会员充分表达诉求。为此，《劳管申报和披露法》将言论和结社自由列入

---

[1] Sidney Webb & Beatrice Webb, *Industrial Democracy* (New ed. in Two Vols. Bound in One), London/New York: Longmans, Green & Company, 1902, at p. 38.

《会员权利法案》,规定任何会员均有权与其他会员见面和集会,有权表达观点,并有权在工会的会议上发表意见。[1] 但是,这一规定除了让工会的决策程序更加繁琐、成本更高以外,只是让会员就利益冲突摊牌,而这与冲突的解决相距甚远。毕竟,利益表达不等于利益协调,更不等于利益的有效代表。

第二,调控工会覆盖范围,减少会员利益分歧。工会是根据"谈判单位"(bargaining unit)来建立的,而后者的大小取决于行政机关的决定。在劳动者同质化程度较高的企业,即使在一家企业只设置一个谈判单位,也不容易发生会员利益严重冲突的问题。比如,大型钢铁公司、汽车公司动辄雇工成千上万人,但是由于采取大规模流水线作业,线上员工的个人条件和利益诉求均比较类似,因而可以"一企一会"。而在劳动者同质化程度较低的企业,为了减少会员利益冲突,就要缩小谈判单位。例如,一家纺织企业下设纺纱、印染、制衣等多家工厂,由于各工厂业务性质迥异,其员工利益也显著不同,此时就应当"一厂一会"。[2] 然而,如果在一家工厂之内,仍然存在无法调和的利益分歧,就不能通过切割谈判单位的方法来化解问题了,而这种情况数见不鲜。

第三,以法律形式为多数决原则设置例外,保护少数会员的特定权利。这里主要指的是不受工会歧视的权利。根据《一九六四年民权法》第七篇,包括工会在内的劳工组织不得由于种族、肤色、宗教信仰、性别等因素而限制劳动者的会员资格,或者限

---

[1] 29 U. S. C. § 411 (a) (2).
[2] 参见 Richard A. Epstein, "A Common Law for Labor Relations: A Critique of the New Deal Labor Legislation", 92 *Yale L. J.* 1357, 1398-1399 (1983).

制劳动者的工作机会等[1]。如果工会中的多数会员投票决定歧视黑人、无神论者或者女性，受害者可以对工会提起诉讼。这个措施对于遏制针对少数会员的歧视固然有效，但是仅仅适用于多数会员的利益诉求不正当的情形。而在大多数情况下，多数会员和少数会员的利益诉求都是正当的，他们的利益冲突就不能通过择一保护的方式来解决了。

上述三项措施，第一项试图将会员之间的利益分歧摆到台面上，寄望于通过商谈加以协调，可是很多利益是谈不拢的；第二项试图将有分歧的会员放到不同的工会当中，从而避免会内冲突，可是很多冲突是避免不了的；第三项则试图对利益分歧作出裁断，强迫一方放弃不正当诉求，可是很多诉求是同等正当的。这些措施之所以效果不彰，原因就在于没有找到问题的根源——工会过度集权。试想，当会员的某些利益无法获得工会代表时，如果允许会员就这部分利益与企业单独协商，岂不可以解决问题？然而，那样做会打破工会内部的步调一致，损害工会的谈判力，所以遭到工会坚决抵制。在工会看来，会员要么牺牲个人利益，要么退会，绝无中间道路可走。换言之，会员必须将就个人利益与企业协商的全部权利都让渡给工会，不能有所保留，更不能与工会"求同存异"，只可以绝对服从。这种"全有或全无"（all-or-nothing）的制度安排显然有失绝对，过分强调了工会集权，却忽视了会员的民主权利。和工会不作为问题一样，工会在会员利益冲突问题上毫无变通，必然导致工会对劳动者吸引力的下降。这是美国集体劳动关系法衰落的重要原因。

---

[1]《〈一九六四年民权法〉第七篇选译》，载阎天编译：《反就业歧视法国际前沿读本》，北京大学出版社2009年版，第109页。

其实，美国学者不是没有意识到工会过度集权的弊端。如前所述，早在《劳管申报和披露法》出台之前，他们就论证了以民主制约集权对于工会的重要性，并获得了法院的支持。并且，学者并没有把工会民主的功能局限于反腐，而是从整个社会着眼，强调了工会民主对于民主社会的促进作用：工会民主有助于"为政治民主创设健康氛围"，有助于"培养经过民主训练的政治领导人"，还有助于"教育出负责任的公民"。[1] 然而，学者的观点没有成文法、更没有宪法基础，实际影响几乎完全依赖法院的认可。1980年代以后，随着最高法院乃至整个联邦司法系统转向保守，工会民主愈发不受司法青睐；学者的鼓呼也只能退回书斋，无补于集体劳动关系法的衰落。

（二）劳资民主：经济效率的挑战

工业民主包括两个维度。在内在维度上，集体劳动关系法实行工会民主，其衰落可归因于集权对民主的压制；而在外在维度上，集体劳动关系法实行劳资民主，其衰落则可归因于效率对民主的挑战。更准确地说，法律经济学派指责集体劳动关系法损害了社会生产率，而支持集体谈判的学者未能做出有效回应，使得国家政策导向愈发不利于集体谈判。

集体谈判是否会降低社会生产率？这个问题可谓"古已有之"。早在集体谈判方兴未艾的19世纪末，经济学家就对此持有截然对立的看法。[2] 到了20世纪80年代，芝加哥学派的法律经

---

[1] Clyde W. Summers, "The Public Interest in Union Democracy", 53 *Nw. L. Rev.* 610, 622-624 (1958).

[2] Derek C. Bok & John T. Dunlop, *Labor and The American Community*, New York: Simon & Schuster, 1970, at p. 260.

济学家占了上风。他们认为，集体谈判会损害社会生产率。为了实现社会生产率的最大化，需要让市场主宰劳动力和资本的配置；而在集体谈判过程中，工会垄断了企业内的劳动力供给（前提是企业不易解聘会员并另雇新人顶岗），企业则垄断了资本供给，"双边垄断"导致了市场定价机制的失灵。这样一来，会员的待遇不再由市场来决定，而是取决于劳资双方不讲市场原则的斗争。这种"肉搏式的博弈"导致谈判费用高企，损害社会生产率。[1]

如果抽象的经济学分析缺乏直观说服力，那就用实例来服人。比如，由于工会在集体谈判中总是倾向于保护在职会员的利益，所以往往反对企业更新技术、裁汰冗员。"司炉工还在火车柴油机车上工作，虽然司炉岗位在机车上已不存在了。油漆工还用着刷子而不是喷枪。……在报纸印刷厂，工会总是要求对现成的广告铅版再排一次版"[2]——这段描述形象地反映了集体谈判对社会生产发展的阻碍。事实上，随着集体劳动关系法的发展，集体谈判逐渐被公众看作唯利是图之举。人们普遍认为，工会为了保护会员既得利益而不惜损害经济发展，以致"劳工巨头"（big labor）和"资本巨头"（big capital）一样形象不佳。[3]

对此，主流劳动法学者的回应是：集体谈判虽然对生产率有消极作用，但是同样有积极作用的一面。比如，集体谈判通过改

---

[1] Richard A. Epstein, *Simple Rules for a Complex World*, Cambridge: Harvard University Press, at pp. 163-164 (1995).

[2] 理查德·B. 弗里曼、詹姆斯·L. 梅多夫：《工会是做什么的？——美国的经验》，陈耀波译，北京大学出版社2011年版，第147页。

[3] Nelson Lichtenstein, *State of The Union: A Century of American Labor* (REV. & EXP'ED ED.), Princeton: Princeton University Press, 2002, at pp. 142-148.

善劳动者利益,让劳动者安心工作,降低辞职率,相应减少了招聘和培训新人的成本;集体谈判促使企业采取更合理的人事政策,填补管理漏洞,从而提高管理效率。这些都会带来社会生产率的提升。[1] 再者,集体谈判对生产率的消极作用也并不绝对。比如,虽然工会为了保护会员利益,可能阻碍新技术的引进,但是从长期来看,新技术由于对生产率的巨大促进而不可阻挡;工会如果一意孤行,必将导致所在企业因为技术落后而遭淘汰。所以,集体谈判不利于新技术引进的情形,往往仅限于行业竞争不激烈的企业或岗位,而这对社会生产率的影响并不大。[2]

既然集体谈判对于社会生产率兼具积极和消极作用,那么问题就转化为何种作用更大。这更多是一个实证而非理论的推演。起初,支持集体谈判的一派占了上风。他们通过实证研究证明,工会不仅有"垄断者的面孔",而且有着"代言人/应答人的面孔",且"工会化的净效应可能是提高了社会的效益;如果在极少的情况下降低了社会效益,程度也是很微小的"。[3] 然而,上述论断很快被更多的实证所动摇。[4] 关于集体谈判阻碍生产率提高的

---

[1] 理查德·B. 弗里曼、詹姆斯·L. 梅多夫:《工会是做什么的?——美国的经验》,陈耀波译,北京大学出版社 2011 年版,第 148—149 页。

[2] 参见 Derek C. Bok & John T. Dunlop, *Labor and The American Community*, New York: Simon & Schuster, 1970, at pp. 261-262.

[3] 理查德·B. 弗里曼、詹姆斯·L. 梅多夫:《工会是做什么的?——美国的经验》,陈耀波译,北京大学出版社 2011 年版,第 226—227 页。

[4] Cynthia L. Estlund & Michael L. Wachter (eds.), *Research Handbook on the Economics of Labor and Employment Law*, Northampton: Edward Elgar, 2012, at p. 5.

实证研究也陆续发表。看来，想要通过实证来认定集体谈判对社会生产率利大于弊，基本是行不通的。

既然无法正面击败对于集体谈判损害生产率的质疑，那么，侧面迂回的战略就不失为替代之选。支持集体谈判的学者转而主张：集体谈判就算会造成社会生产率的损失，也可以促进其他的公共价值，总算下来仍然得大于失。比如，有学者就认为，集体谈判应当兼顾效率（efficiency）、公平（equity）和雇员发言权（voice）三大价值，即使效率价值无法最大化，也可以在其他两个价值上得到弥补。[1] 更有学者主张：集体谈判所彰显的多元主义民主，仍然是值得追求的重要价值。[2] 毕竟，在实现劳资关系民主化方面，集体谈判的作用是无可替代的。

然而，民主真的是集体劳动关系法应该追求的价值吗？持肯定论的学者发现，他们的主张面临着无法可依的窘境。首先，《国家劳动关系法》的立法目的过窄，根本没提民主这回事。民主作为价值目标，本来是通过司法释法而赋予的，而司法系统的"右转"令民主价值的地位骤降。其次，工业民主在美国也不被承认为人权，不能从国际法中找到依据。美国政府并未签署国际劳工组织关于集体谈判的核心劳动基准[3]，国会也没有批准保障工会

---

[1] Stephen F. Befort & John W. Budd, *Invisible Hands, Invisible Objectives: Bringing Workplace Law and Public Policy into Focus*, Stanford: Stanford University Press, 2009.

[2] 例如，Cynthia Estlund, *Regoverning The Workplace: from Self-Regulation to Co-regulation*, New Haven: Yale University Press, 2010。

[3] 美国参加国际劳工公约的情况见 http://ilo.org/dyn/normlex/en/f?p =1000：11200：0：：NO：11200：P11200_COUNTRY_ID：102871（最后访问 2016 年 2 月 3 日）。

结社自由的《经济、社会和文化权利国际公约》。[1] 再次,美国现行宪法中也没有规定包括集体谈判权在内的社会经济权利,最高法院又拒绝通过释宪来创设这种权利。[2]

综上所述,面对法律经济学派的挑战,支持集体谈判的学者无法证明集体谈判能够提高社会生产率,而他们用来弥补生产率损失的其他价值——特别是劳资民主——又缺乏法律依据。于是,集体谈判在国家政策议程中的地位日益下降,这成为美国集体劳动关系法衰落的重要动因。

第三节 美国集体劳动关系法的兴衰之鉴

美国集体劳动关系法八十多年来的兴衰变迁,对我国有什么启示?诚然,中美两国社会制度有明显差别,尤其表现在两点:工人阶级居于国家领导地位,以及工会机构自上而下组建。[3] 但是,宏观社会制度的差别,并不意味着具体法律的不可通约性。综观美国集体劳动关系法的历史,其对我国的启示主要有价值和制度两个方面:

---

[1] 美国参加国际人权公约的情况见 http://indicators.ohchr.org/Home/GenerateCountryProfilePdf(最后访问2016年2月3日)。

[2] 参见卡斯·R.桑斯坦:《为什么美国宪法缺乏社会和经济权利保障?》,傅蔚冈译,载中国宪政网 http://www.calaw.cn/article/default.asp?id=3619(最后访问2016年2月3日)。

[3] 此外,有论者认为,我国的集体协商与美国的集体谈判不同,因为"协商"比"谈判"更少对抗性,包含着促进劳资合作的政策取向。但是,崇尚劳资合作的德国同样使用"集体谈判"的说法,我国学界也通常将二者互换使用,可见"集体协商"与"集体谈判"并无原则区别。参见李敏、黄秦、郑английский隆:《从竞争优势分析工资集体谈判/协商的目标及路径——基于中欧的对比研究》,载《中国人力资源开发》2015年第5期。

——在价值目标上，集体劳动关系法虽然是维护社会稳定的手段，但是不可以将稳定当作压倒一切的价值目标，否则就可能被同样能够实现该目标的其他手段所排挤。工业民主可以充当集体劳动关系法的重要价值基础，也是抗衡社会生产率等其他政策取向的重要因素，前提是工业民主必须找到牢固的法律依据。

——在制度工具上，工会内部制度建设的关键是平衡集权与民主的关系，特别要防止工会过度集权的现象发生；劳资关系领域制度建设的关键则是保障劳动三权。

以这些启示关照我国现实，就可以得出完善我国集体劳动关系法的思路。在价值目标方面，我国亟待打破片面的稳定思维和经济发展思维，将工业民主树立为集体劳动关系法的价值基础，并在现行宪法和《工会法》中找到工业民主的法律依据。在制度设计方面，我国除加强劳动三权的保护外，应当重点解决工会过度集权问题，重构工会、职代会和劳动者个人之间的关系，由工会向劳动者个人和集体放权。

（一）价值目标：树立工业民主

1. 片面追求稳定思维下的国家主义

与美国类似，稳定同样也是我国集体劳动关系法的重要目标。早在《劳动法》起草时，国家就曾展望："实行平等协商和集体合同制度，可以变职工自发的无序的抗争行为为有序的依法维护和协调行为，有利于劳动关系的稳定。"[1] 然而在实践中一旦发生劳

---

[1] 中华全国总工会法律工作部、中华人民共和国劳动部政策法规司编著：《〈中华人民共和国劳动法〉讲话》，中国工人出版社1994年版，第57—58页。以专节规定了集体合同制度的《劳动合同法》，同样将社会稳定明确为立法目标（第1条）。

资群体冲突，政府有关部门经常一齐上阵、直接干预；而工会定位遭到扭曲，被看作政府的一部分，仅仅配合其他部门工作，而不是按照《工会法》第27条的要求，紧急启动集体协商来化解危机。[1] 这种搁置集体谈判、以国家全面介入取而代之的做法，可称为国家主义（statism）。

国家主义背后的逻辑是：只要能够实现社会稳定的目标，是否采用集体协商的手段其实无关紧要。与集体协商相比，政府对于直接干预的方式更加熟悉，也更善于把控干预力量的投向和强度，所以集体协商很容易被直接干预的方式所排挤。这是国家主义现象产生的根源。发展集体劳动关系法，必须打破国家主义；要想打破国家主义，就不能再将集体协商仅仅视作稳定的手段，而应当彰显集体协商的其他价值。

2. 片面发展思维下的放任主义

与国家主义相反，阻碍我国集体劳动关系法的另一种倾向可称为放任主义（libertarianism），主要以一些经济学家为代表。他们认为，集体协商限制了企业经营自主权，影响了劳动力市场机制的运作，与经济效率的追求相抵牾。在经济新常态下，为了维持经济增速，不应发展集体协商。[2] 这种观点在政府和企业间颇为流行，导致集体劳动关系法在国家治理议程中的地位偏低。不仅国家层面的《集体合同法》拖延二十余年未能出台[3]，而且地

---

[1] 按照《工会法》，如果企业发生停工事件，工会的首要职责是"代表职工同企业、事业单位或者有关方面协商"（第27条）。
[2] 例如，张五常：《张五常论新劳动法》，载苏力主编：《法律和社会科学》（2009年第4辑），法律出版社2009年版。
[3] 制定该法的正式动议始自《劳动部关于建立社会主义市场经济体制时期劳动体制改革总体设想》第31条（劳部发［1993］411号）。

方加强集体协商的立法尝试也多以妥协告终。[1]

究其实质，放任主义的观点与美国法律经济学派基本相同。全国总工会的应对也和美国劳动法学者类似。他们首先力图论证：集体协商与社会生产率并无矛盾。集体协商可以促进工业和平，减少因罢工、闭厂等造成的经济效率损失；集体协商通过提高劳动者收入来扩大内需，间接拉动经济发展；协商让利也促使经营者更多依靠改善生产、提高效率来做大蛋糕，而非利用资强劳弱来多分蛋糕。[2]然而，集体协商对于社会生产率毕竟也有损害作用，何以证明促进作用足以抵消、甚至超过损害作用呢？

放任主义是片面发展思维的产物。要发展集体劳动关系法，就必须打破片面追求保增长、求发展的观念，以新的价值目标抗衡提高社会生产率的政策取向。那么，我国可否像美国那样，以工业民主作为集体劳动关系法的价值目标呢？答案是肯定的。

3. 作为价值目标的工业民主

对于我国集体劳动关系法而言，为了打破国家主义，必须在稳定之外另寻价值目标；为了打破放任主义，必须在经济发展之外另寻价值目标。本章认为，这个新的价值目标就是工业民主。

工业民主需要法律基础。与美国类似的是，工业民主在我国

---

[1] 比如，《广东省企业集体协商和集体合同条例》修订时，曾拟议放松对于罢工的规制，改善劳资力量对比，为协商的启动提供保障（见《修订草案征求意见稿》第25条、第59条）。然而，香港各界商会联席会议一致反对修法，其理由如"窒碍企业营运及发展""加速企业撤资及倒闭"等，均从社会生产率角度立论（见《香港各界商会联席会议强烈反对〈广东省企业集体合同条例（修订草案）〉》，载《明报》2014年5月15日第A19版）。改革方案最终遭到挫败。

[2] 参见中华全国总工会集体合同部、中国工运研究所组织编写：《中国集体合同制度与实践》，新华出版社2012年版，第127—128页。

同样缺乏足够的国际法支持。我国未签署国际劳工组织关于集体协商的核心劳动基准,并对《经济、社会和文化权利国际公约》的工会结社自由做了保留。而与美国显著不同的是:我国的工业民主具有坚实的宪法和立法基础。这可分为工会民主和劳资民主两个方面。工会民主的法律基础是《工会法》第 9 条的相关规定:"工会各级组织按照民主集中制原则建立"。据此,工会的一切组织活动均应当发扬民主。而劳资民主不仅有立法基础,更有现行宪法基础,这使得其法律依据格外坚实。概言之,现行宪法追求民主,民主包含参与,参与深入企业,企业实行协商,所以劳资集体协商是宪法的要求。

首先,现行宪法追求民主。民主是一种重要的宪法价值,在宪法价值序列中享有崇高的地位。现行宪法正文在确立国体和根本制度(第 1 条)之后,立即宣示民主价值:"中华人民共和国的一切权力属于人民"(第 2 条第 1 款)。相比之下,效率虽然也是宪法价值,但规定于第 14 条("不断提高劳动生产率和经济效益"),位置要靠后很多。

其次,民主包含参与。公民参与管理是民主价值的重要实现形式。现行《宪法》第 2 条在宣示民主价值(第 1 款)之后,以两个条款分别列出了民主的两大形式:人大代议(第 2 款)和参与管理(第 3 款)。自熊彼特以来,民主的概念在西方政治实践中几乎和选举画上了等号。[1] 而我国现行宪法与此迥异,非常强调民主中的公民参与元素。正如自卢梭以来的参与民主理论家所指出的,参与能够帮助人们熟悉民主程序,培养公心,发挥

---

[1] 参见约瑟夫·熊彼特:《资本主义、社会主义与民主》,吴良健译,商务印书馆 1999 年版。

教育功能；可以提升公民对于共同体的归属感，发挥整合功能；还可以增强公民对于决策的主宰感，使得决策更易获得接受[1]。概言之，参与可以培育民主共同体所必需的公民心态，这是现行宪法建设国家政治文明和精神文明（序言）的题中之义。

再次，参与深入企业。民主不仅是国家政治生活的组织原则，而且及于经济领域；经济民主与参与民主相结合，就是企业民主管理制度。"当代西方资本主义政治上是民主的（从理论上讲），但在工场里是专制的。"[2]而我国现行宪法则与此迥异，强调在经济生活中实现民主。现行《宪法》第2条第3款在列举公民参与管理的范围时，将经济事务与政治（国家）事务并列，就是明证。

传统上，现行宪法将经济民主与公有制几乎画上等号。1978年修宪则大为丰富了经济民主的含义。一方面，经济民主从所有制走向管理制度。"七八宪法"第17条规定："国家坚持社会主义的民主原则，保障人民参加管理国家，管理各项经济事业……"另一方面，经济民主从宏观走向微观。时任全国人大常委会主任叶剑英在修宪说明中，明确把企业的民主管理解读为"管理各项经济事业"的题中之义[3]。"八二宪法"继承和发展了"七八宪

---

[1] 参见卡罗尔·佩特曼：《参与和民主理论》（第2版），陈尧译，上海人民出版社2012年版，第25—26页。

[2] 戴维·施韦卡特：《反对资本主义》，李智等译，中国人民大学出版社2013年版，第62页。

[3] 叶剑英：《关于修改宪法的报告——一九七八年三月一日在中华人民共和国第五届全国人民代表大会第一次会议上的报告》，载《人民日报》1978年3月8日第1版。1981年出台的《国营工业企业职工代表大会暂行条例》第1条也指出，恢复企业内的职代会民主制度正是以1978年现行《宪法》第17条为依据的。

法"的思想：一方面将原第17条略作修改，作为第2条第3款保留下来；另一方面增加国有和集体企业民主管理的规定（第16条第2款、第17条第2款）。[1]那么，现行宪法是否要求在非公有制企业实行民主管理？从文义上讲，第2条第3款规定公民参与经济管理时，并未局限于公有制企业。第16条、第17条关于公有制经济的规定也并不具有"明示其一、排除其余"的效果。总之，从现行宪法文义和修宪史可见，我国现行宪法上的民主原则及于各种所有制企业的管理制度。

最后，企业实行协商。集体协商是企业民主管理的路径之一，具有宪法地位。由于现行宪法在规定企业民主管理的形式时，仅列举了职代会（第16条第1款），所以"企业民主管理"几乎和职代会画上了等号，而与集体协商对立起来。其实，现行宪法在职代会之后加写"和其他形式"5个字，又要求企业民主管理应当"依照法律规定"，就表明了对于民主管理路径的开放态度。国家应通过立法来开辟企业民主管理的新形式，凡是具备民主实质的法定管理形式均具有现行宪法地位。修宪者的这种开放态度，充分考虑了正在展开的经济改革的需要，使得现行宪法"随着时间演进、变化、适应新环境而无须正式修正"，成为一部"活的宪法"（Living Constitution）。[2]另一方面，"管理"的含义并不局限于单方决定，而是包含着动议、谈判、决策、否决等一系列形式的综合活动。因此，集体协商和职代会一样，都是企业民主管理

---

[1] 企业民主管理制度的修宪记录，见许崇德：《中华人民共和国宪法史（下卷）》（第2版），福建人民出版社2005年版，第359、379、380、390、401、406、410、416、427、443页。

[2] 戴维·施特劳斯：《活的宪法》，毕洪海译，中国政法大学出版社2012年版，第1页。

的宪法路径。

总之，工业民主是我国集体劳动关系法的重要价值取向，而这个取向有坚实的现行宪法和法律基础。自此，集体劳动关系法只要能够促进民主，即便维护稳定效果不及国家直接干预，或者在一定程度上影响经济发展，也仍然具有正当性。我国也无须再从人权公约中寻找发展集体劳动关系法的依据。扫除了这些障碍，《集体合同法》和地方集体劳动关系立法就有望尽快列入改革议程。

（二）制度设计：制衡工会集权

至于工业民主的制度设计，同样可以从工会民主和劳资民主两个方面展开。在劳资民主制度上，我国最值得向美国借鉴的是对劳动三权的保护。对此，我国学界已有比较充分的讨论，故不赘述。[1] 而在工会民主制度上，我国应该汲取美国的经验教训，对工会过度集权问题保持高度警惕，在此基础上重构工会、职代会和劳动者个人之间的关系。

1. 我国工会的过度集权

工会作为劳动者的集合，其权利虽有法定的一面，但是从根本上来自劳动者的让渡，所以工会都是集权的产物。在集体协商制度中，我国劳动者至少向工会让渡了四个方面的权利：一是工会只要存在，就当然地获得并垄断代表权（《劳动法》第33条第2款）。劳动者向工会让渡了另选代表机构的权利。二是在工

---

[1] 例如，叶姗：《雇主不当劳动行为的民事救济——基于我国和美国不当劳动行为救济制度之比较》，载《北方法学》2012年第4期；王天玉：《工资集体协商行为主观要件的法律塑造——以美国劳资善意谈判义务为借鉴》，载《社会科学战线》2015年第9期。

会之内，具体由何人出任协商代表，包括首席代表、其他代表和外聘代表的确定和更换，基本均由工会管理层自行决定。[1] 劳动者向工会让渡了选择代表人员的权利。三是工会垄断劳方就履行集体合同寻求劳动仲裁和诉讼的权利。劳动者个人无权就用人单位违反集体合同向仲裁或司法机关主张救济。[2] 四是集体合同的效力及于生效时尚未入职的员工，且个别劳动合同中的待遇不得低于集体合同的规定（第35条）。前者相当于让生效后入职的员工向工会让渡另选代表机构的权利；后者则限制了劳动者与用人单位个别缔约时的意思自治权。

那么，我国工会是否存在过度集权的现象？答案是肯定的。这可通过实证研究得到检验：集体合同很少进入劳动仲裁和诉讼程序。根据《中国裁判文书网》的记载，2014年度仅有49起纠纷

---

[1] 关于首席代表的确定，见《集体合同规定》第20条第2款。关于其他代表的确定，见第20条第1款。关于外聘代表的确定，见第23条第1款。关于代表的更换，见第30条第1款。全总曾主张部分其他代表由职代会议定，但并不具有强制力。中华全国总工会《工会参加平等协商和签订集体合同试行办法》第8条第2款（总工发[1995]12号）。

[2] 《工会法》第20条第4款。从字面来看，用人单位违反集体合同的，劳动者根据《劳动合同法》第78条有权申请仲裁或提起诉讼。但是很难确定这种解释是否符合立法本义，且尚未发现按照这种解释受理劳动者提起诉讼的案例。此外，2011年出台的《企业劳动争议协商调解规定》第4条第2款肯定了劳动者就用人单位违反集体合同提出调解请求的权利，但是根据《劳动争议调解仲裁法》第10条第2款，只要企业内成立了工会，受理请求的调解委员会的劳方代表就必须由工会来确定。

涉及集体合同[1]，其中劳动者起诉主张集体合同权利的只有6起。劳动者为何极少拿起法律武器？根源在于工会过度集权，具体则表现在三个方面：一是由于工会垄断了协商代表的遴选权，导致选出的代表缺少对会员负责的意识，协商出的内容对劳动者并不有利，劳动者认为不值得通过诉讼来维护。重要的佐证是：利用集体合同对抗对方诉求的基本是企业一方，而非劳动者一方。[2]二是工会垄断了就企业违反集体合同提起诉讼的权利，却怠于履行职责。全部49起纠纷中没有任何一起是由工会起诉或代表劳动者一

---

[1] 统计方法如下：2015年1月15日，运用《中国裁判文书网》自带搜索引擎，检索2014年全年制作的、包含"集体合同"这一关键词的文书，共返回679个结果。根据以下标准对结果进行筛选：（1）"集体合同"的"集体"有时指所有制，有时指纠纷中劳动者一方的人数。这些案件中的"集体合同"均非集体协商协议，删去。（2）有时，判决书只在引用的法律条文中提及集体合同；有时，案件在涉及集体合同的问题上并无纠纷；有时，集体合同仅与程序上的纠纷有关，无涉实体。这些案件纠纷并未实质性地涉及集体合同，删去。（3）有时，若干文书涉及的纠纷是本应做集团诉讼，但被拆分受理；有时，同一案件有多个文书，分别涉及一审、二审、再审等；有时，由于网站技术原因，同一文书会多次出现。上述情形均做同一纠纷处理。经过筛选，一共有49起纠纷纳入研究范围。此后的情况改观不大。例如，有学者以"履行集体合同+民事案由"这一关键词在"中国裁判文书网"检索，2014年至2018年3月，可检索到的判决仅44个，其中仅有8个真正涉及集体合同的履行问题。沈建峰：《论履行集体合同争议的处理——兼论集体劳动法中个体利益与集体利益的平衡》，载《比较法研究》2018年第4期。

[2] 企业曾援引集体合同作为工资、加班费、经济补偿金等的计算依据，或者作为采取不定时工时制的根据，从而对抗劳动者所主张的、法定的更高待遇，并且几乎都获得了法院支持。此类纠纷共21起，占集体合同纠纷的42.9%。此外，尚有22宗纠纷中的企业以集体合同作为豁免签订劳动合同义务的依据，也有不可忽视的获胜几率。

方应诉的。工会就集体合同申请劳动仲裁的案件也极为罕见[1]。三是由于工会严重限制了劳动者与用人单位个别缔约时的意思自治权，劳动者宁愿违法地放弃集体合同中的一些利益，也要与用人单位私下另作安排。比如，职场新人为了获得在职培训和晋升空间等，可能愿意接受比集体合同约定更低的工资待遇[2]；虽然这种安排违反了集体合同，但是劳动者没有诉讼意愿。总之，工会的过度集权，确实是我国集体劳动关系法在司法中遭到架空的重要原因，亟须矫正之策。

2. 向劳动者个人放权：集体协商 vs. 个人协商

矫正工会过度集权，首先要向劳动者个人放权，放宽以个别劳动合同变通集体合同的条件：即使个别劳动合同所规定的某些待遇不如集体劳动合同，只要该规定有对价，就应当允许以个别约定变通集体合同。比如，即使集体合同规定了新员工起薪的下限，个别员工也仍然有权与企业另行协商，约定低于下限的起薪，只要员工所付出的代价可以从其他方面（如培训机会、灵活工时等）获得充分补偿。

另一方面，法律应当限制以个别劳动合同变通集体合同的条件，防止变通成为企业压制个别劳动者的渠道。为了防止劳工低估和贱卖集体合同所赋予他们的权利，可以为弃权设置条件：一是要求用人单位向劳动者披露集体合同上的权利，防止劳动者因

---

[1] 例外如石廷桥：《我省首例集体合同争议案在宜昌审结——宜昌市第一针织厂工会运用集体合同维护职工合法经济权益》，载《工友》2003年第8期。

[2] 极端情形是：以"零工资"换取岗位、培训等待遇。参见周海晏、高路：《零工资换差事：大学生就业打"迂回战"》，载《经济参考报》2006年3月2日第1版。

为无知而弃权；二是设定"冷静期"以供劳动者权衡得失；三是设置不可放弃的法律底线。[1]

3. 向劳动者集体放权：工会 vs. 职代会

矫正工会过度集权，还要向劳动者集体放权。与美国不同，我国劳动者集体既包括工会，还包括职工（代表）大会。为了如韦布夫妇所言，平衡"行政效率"与"大众控权"[2]，不妨将两个目标分别赋予工会和职代会：工会专注于"行政效率"，走专业化道路，提高从实质上代表会员利益的能力[3]；职代会则专注于"大众控权"，加强对工会的监督，提高从形式上反映会员意志的能力。委托人意志和利益的实现是代表制的两个主要含义[4]，它们对应着两种不同的民主——代议型民主和代表型民主。[5] 我国工会与职代会并存的制度结构，使得两种代表制、两种民主的分工和并存成为可能。

为了实现工会与职代会关系的重构，我国首先需要改变职代会被工会控制的局面。目前，工会虽然名义上只是职代会的"工作机构"，但是职代会的议程、人事、程序等几乎完全由工会来决

---

[1] Cass R. Sunstein, "Human Behavior and the Law of Work", 87 *Va. L. Rev.* 205, esp. 271-272 (2001).

[2] Sidney Webb & Beatrice Webb, *Industrial Democracy* (New ed. in Two Vols. Bound in One), London/New York: Longmans, Green & Company, 1902, at p. 38.

[3] 近年，全总强调建立指导和培训制度，提升谈判代表的专业能力。中华全国总工会《关于加强专职集体协商指导员队伍建设的意见》（总工发[2012]45号）。

[4] 汉娜·费尼切尔·皮特金：《代表的概念》，唐海华译，吉林出版集团有限责任公司2014年版，第6页。

[5] 王绍光：《代表型民主与代议型民主》，载《开放时代》2014年第2期。

定,这就不可能发挥监督工会的作用。[1] 今后可以规定:一定数量的职工代表联名申请,即可召开职代会;某一提案只要获得一定数量职工代表联署,就应当进入职代会议程;工会的职权主要限于行政性事务,不再享有实质性问题的决策权。[2]

其次,针对某些工会缺乏谈判能力的问题,不妨强化职代会对于谈判代表人选的控制权,促使代表敢于和能够为工人利益代言。例如,《广东省集体协商和集体合同条例(修订草案征求意见稿)》曾规定:如果工会主席不履行首席协商代表的职责,职代会可以提出更换,并开会另选首席协商代表(第19条)。至于其他代表,目前均由工会确定,今后可改由工会提名、职代会通过;如果代表履职不当,职代会同样应当有权要求替换和另选代表。

再次,针对某些工会怠于履行职责的问题,可分两种情况处理。一是工会不积极发起协商要约时,应当允许职代会通过决议命令工会发起要约。如果职代会因受工会控制而无法运作,可以由一定数量的会员联名,直接选举代表并发起要约。二是工会不就企业一方违反集体协议提起劳动仲裁和诉讼时,如果违约事项影响到全体职工的利益,应当允许职代会通过决议命令工会提起告诉;如果只涉及个别职工利益,则可以由这些员工个人起诉——这种诉讼已经获得了某些法院受理。[3]

---

[1] 《企业民主管理规定》第17条至第30条。
[2] 此外,工会会员(代表)大会的实际作用不大;在全员入会的情况下,其与职工(代表)大会必然存在人事与职能的交叠。从提高效率的角度,应当只保留职代会,工会委员会改由职代会产生。
[3] 例如,《施国权诉力奇先进清洁设备(上海)有限公司劳动合同纠纷一案二审民事判决书》,(2013)沪一中民三(民)终字第2022号。

总之，美国集体劳动关系法八十年来的兴衰和跌宕，在很大程度上系于工业民主。战后，工业民主在工会内部和集体谈判两个维度上的价值意涵获得开示，为集体劳动关系法奠定了坚实的价值基础，促进了集体劳动关系法的兴盛。然而，就在一代人的时间里，工会内部的集权诉求压倒了民主，集体谈判的效率追求动摇了民主，工业民主的黯淡导致了集体劳动关系法的盛极而衰。以美国集体劳动关系法的盛衰为鉴，我国集体劳动关系法亟须走出国家主义和放任主义的误区，将工业民主树立为价值目标，为这一价值建立牢固的宪法和法律支撑。为了落实工业民主，我国不仅应当加强劳动三权的保护，更需要正视和解决工会过度集权问题，坐实职代会对工会的监督职能，扩大个别协商对集体协商的变通权限。如此一来，现行宪法和《工会法》上的工业民主就有望实现，我国集体劳动关系法就将迎来光明的前景。

第三章 按劳分配

按劳分配是我国现行宪法的术语。《宪法》第6条第1款第2句（1999年修宪前系该条第2款）规定："社会主义公有制消灭人剥削人的制度，实行各尽所能、按劳分配的原则。"第2款（系1999年修宪时增写）规定："国家在社会主义初级阶段，坚持公有制为主体、多种所有制经济共同发展的基本经济制度，坚持按劳分配为主体、多种分配方式并存的分配制度。"这些内容构成本章所称的宪法按劳分配规范。近年来，按劳分配问题在宪法学[1]乃至整个法学领域[2]呈现出升温态势，这背后有理论和实践两方面的原因。从理论上讲，宪法学已经将自身的主要任务明确为解释宪法文本、阐发宪法规范[3]，这必然要求实现宪法各条文解释的"全覆盖"，按劳分配规范也不例外。作为部门宪法的一支，劳动

---

[1] 例如，李响：《"按劳分配"在中国：一个宪法概念的浮沉史》，载《中外法学》2019年第5期。

[2] 例如，张守文：《分配危机与经济法规制》，北京大学出版社2015年版。

[3] 参见，张翔：《宪法教义学初阶》，载《中外法学》2013年第5期。

宪法的研究渐成气候[1]，而按劳分配规范作为劳动宪法的核心内容，必然会吸引学人的兴趣。从实践上讲，分配问题已经成为当代中国社会的突出矛盾之一。正如习近平总书记所指出的："收入分配制度改革是一项十分艰巨复杂的系统工程。"[2] 有学者直言中国面临"分配危机"[3]，而宪法身居法律体系的"宝顶"，理应为化解这一危机提供启示，乃至发出可供执行的命令。在理论和实践的双重推动下，宪法按劳分配规范的当代意涵亟待澄清和展开。

然而，阐发宪法按劳分配条款的规范意义并非易事。挑战既来自法律层面，也来自政治层面。从法律层面来看，《宪法》第6条的相关规定存在不少解释障碍。例如，按劳分配与公有制是什么关系？公有制下的按劳分配"原则"有无例外？公有制之外是

---

[1] 对于我国劳动宪法的研究可以追溯到改革开放之初。张友渔：《新宪法与劳动工作》，载北京市劳动学会秘书处编印：《社会主义宪法与劳动工资制度改革》，内部发行，1984年；任扶善：《试论新宪法有关劳动的规定》，载北京市劳动学会秘书处编印：《社会主义宪法与劳动工资制度改革》，内部发行，1984年；谢怀栻、陈明侠：《宪法确立的劳动法的基本原则》，载中国劳动法学研究会编：《劳动法论文集》，法律出版社1984年版。当代中国劳动宪法的研究者主要出自三个方面：一是宪法学界，例如，王旭：《劳动、政治承认与国家伦理——对我国〈宪法〉劳动权规范的一种阐释》，载《中国法学》2010年第3期；二是劳动法学界，例如，王天玉：《劳动法分类调整模式的宪法依据》，载《当代法学》2018年第2期；三是法理学界，例如，邵六益：《社会主义主人翁的政治塑造（1949—1956）》，载《开放时代》2020年第5期。笔者本人的研究，例如，阎天：《重思中国劳动宪法的兴起》，载《中国法律评论》2019年第1期。

[2] 中共中央文献研究室编：《习近平关于社会主义社会建设论述摘编》，中央文献出版社2017年版，第25页。

[3] 张守文：《分配危机与经济法规制》，北京大学出版社2015年版。

否存在按劳分配？又如，按劳分配与其他分配方式如何"并存"？其"主体"地位如何实现？再如，以法律命令的结构来审视，"按劳分配"一语存在许多模糊乃至空白要素：谁来分配？何谓按"劳"？向谁分配？分配什么？这些问题得不到回答，按劳分配条款就无法获得解释，而不可理解的条款当然不具备规范效力。[1]

从政治层面来看，宪法按劳分配规范的更新明显落后于执政党的权威表述。早在1987年，党的十三大就提出"以按劳分配为主体，其他分配方式为补充"，而宪法未做修改[2]；1993年，党的十四届三中全会将相应表述修改为"个人收入分配要坚持以按劳分配为主体、多种分配方式并存的制度"，而这一表述直到1999年才写入宪法；关于参与分配的生产要素的范围、按劳分配与按生产要素分配的关系，以及分配中的价值目标，执政党的理解不断发展，而宪法条文并无追赶迹象。[3] 这样一来，宪法按劳分配规范不仅缺少法律上的规范效力，而且政治上的规范效力也遭到

---

[1] Antonin Scalia & Bryan A. Garner, *Reading Law: The Interpretation of Legal Texts*, St. Paul: Thomson/West, 2012, pp. 134-139.

[2] 1988年2月10日，全国人大常委会法工委提出5条宪法修改意见，其中包括"对关于按劳分配原则的规定进行修改，增加规定允许其他分配方式"，但未被委员长会议采纳。王汉斌：《王汉斌访谈录——亲历新时期社会主义民主法制建设》，中国民主法制出版社2012年版，第135—136页。1993年修宪时，类似意见再度出现，党中央回应认为无需修改，"必要时可作宪法解释"。《中国共产党中央委员会关于修改宪法部分内容的补充建议》（1993年3月14日），附件二："关于修改宪法部分内容的建议的说明"，中国人大网，http://www.npc.gov.cn/wxzl/gongbao/1993-03/14/content_1481288.htm（最后访问2020年10月8日）。

[3] 执政党表述的变化，见谭中和等：《中国工资收入分配改革与发展(1978—2018)》，社会科学文献出版社2019年版，第93—95页。

削弱，以致被观察者判定为"沉移"乃至"隐退词"的状态[1]。宪法处于法律与政治之间的"锋面"上[2]，宪法效力是法律效力与政治效力的统一[3]；如果两种效力都发生动摇，宪法就谈不上实施，按劳分配规范也就失去了生命力。

2018年修宪时写入新发展理念，为回应上述挑战、探索宪法按劳分配规范的当代意涵提供了契机。新发展理念是指创新、协调、绿色、开放、共享的发展理念，它是在《中共中央关于制定国民经济和社会发展第十三个五年规划的建议》中提出的[4]，其中创新发展和共享发展与按劳分配的关系尤为密切。从政治层面来看，新发展理念出台仅两年多就写入宪法，大为改善了宪法文本相对于执政党权威表述的落后局面，增强了宪法的政治效力。问题于是聚焦到法律效力层面：新发展理念、特别是创新发展和共享发展入宪，是否有助于理解宪法按劳分配规范的含义，又将给这种含义带来怎样的改变？这就是本章尝试回答的问题。

为了回答这个问题，本章追溯了宪法按劳分配规范的变迁过程，将其解读为15条宪法命令，从而全面开示其当代意涵。为此，本章所采取的解释立场是演进主义（evolutionism）的，认为宪法的含义与实践呈现交互发展态势，而不应当执着于立

---

[1] 李响：《"按劳分配"在中国：一个宪法概念的浮沉史》，载《中外法学》2019年第5期。
[2] 林来梵：《从宪法规范到规范宪法——规范宪法的一种前言》，法律出版社2001年版，第5页。
[3] 阎天：《社会运动与宪法变迁：以美国为样本的考察》，载《华东政法大学学报》2015年第3期。
[4] 习近平：《关于〈中共中央关于制定国民经济和社会发展第十三个五年规划的建议〉的说明》，载《人民日报》2015年11月4日第2版。

宪的原旨[1]，更不应当拘泥于作为制宪依据的其他文本。本章所运用的解释资源有两方面，一是宪法的文本，主要通过文义解释和体系解释来阐发，认为宪法条文之间存在目的与手段等形式的联系，而不应该对单个条文做孤立的理解[2]；二是行宪的实践，认为宪法的含义在立法和行政机关等实施宪法的活动中得到呈现，不纠结于这些活动是否符合宪法解释的形式，并通常推定其合宪[3]，以之与宪法文本互证。解释的立场、资源和方法都确定以后，就可以得出前述问题的初步答案：新发展理念入宪是宪法按劳分配规范发展的"第三波"，它为按劳分配设定了创新和共享两个新的价值目标，相应形成了 2 条新的宪法命令；为了实现新目标，按劳分配与 4 个宪法制度——按知识和技能要素分配、国有资产保值增值、提高劳动报酬、按数据要素分配——之间的关系都发生了重大变化，相应形成了 4 条新的宪法命令。伴随着目标与手段的更新，宪法按劳分配规范的当代意涵也获得了澄清和展开。

为了论证上述观点，本章除引言和结语外分为三节：

第一节回溯现行宪法按劳分配规范在 1982 年入宪时的意涵。其要点是：现行宪法对于按劳分配采取与时俱进的灵活理解；按劳分配规范由宪法目标引导，其原初目标是效率；为了促进效率，宪法将按劳分配的"劳"理解为劳动的产出而非投入，并且规定

---

[1] 关于演进主义与原旨主义的争论，参见斯蒂芬·卡拉布雷西编：《美国宪法的原旨主义：廿五年的争论》，李松锋译，当代中国出版社 2014 年版。
[2] 关于体系解释方法，参见 Akhil Reed Amar, "Intratexualism", 112 *Harv. L. Rev.* 747 (1999)。
[3] 这也符合宪法学上所谓"合宪性推定"的解释原则。参见韩大元：《论合宪性推定原则》，载《山西大学学报（哲学社会科学版）》2004 年第 3 期。

了物质鼓励、管理改革和利益兼顾三方面制度支撑；

第二节讨论按劳分配规范在 2018 年修宪前的变迁。这种变迁主要包括三个方面：一是引入市场机制，将按劳分配改造为按劳动力的市场价格确定劳动报酬；二是澄清按劳分配与所有制的关系，公有制内的按劳分配原则允许例外存在，公有制外也有按劳分配的适用空间；三是廓清按劳分配与其他分配制的关系，在微观层面采取"先发工资（实现按劳分配）、再分利润（实现按其他生产要素分配）"，而按劳分配的主体地位基本没有独立的规范意义；

第三节探索新发展理念入宪对于按劳分配的影响。一方面，新发展理念引入了创新发展的目标，为了促进创新而允许发明创造性劳动同时参与按劳分配和按知识技能要素分配，并且对国有资产保值增值持较为灵活的态度；另一方面，新发展理念引入了共享发展的目标，为了促进共享而要求劳动报酬与劳动生产率同步提高，并且允许网络用户作为数据劳动者参与数据企业收入的按劳分配。在新的价值目标的引领下，在新的制度手段的支撑下，宪法按劳分配规范有望焕发出新的活力，成为宪法规范体系中充满生机的一部分。

第一节　宪法按劳分配规范的原点

为了理解新发展理念入宪给宪法按劳分配规范带来的改变，必须回到 1982 年制宪的时刻，作为讨论的原点。按劳分配最初在 1975 年制宪时写入《宪法》第 9 条第 1 款："国家实行'不劳动者不得食'、'各尽所能、按劳分配'的社会主义原则。" 1978 年制宪时，该款被原样复写为《宪法》第 10 条第 1 款。"七八宪法"

出台后不久，党的十一届三中全会召开，国家进入改革开放和现代化建设的新时期。在初步总结改革经验的基础上，《宪法》中的按劳分配规范呈现出一系列新变化，形成了最初的四条宪法命令。

一、解释立场的变化

在进入具体的解释作业之前，必须确定解释的立场，即究竟采取原旨主义（originalism），根据立宪的本意、甚至作为立宪依据的文本来确定宪法的含义，还是采取演进主义，根据宪法所处的政治、经济和社会环境变化来确定其含义？两种立场在学理上各有优长，难分轩轾，而问题的关键在于："八二宪法"的制定者采取了哪种立场？分析按劳分配规范从"七八宪法"到"八二宪法"的变化可知，制宪者的立场从原旨主义调整为演进主义。这为宪法按劳分配规范的灵活解释开辟了广阔的空间。

"七五宪法"和"七八宪法"中的"不劳动者不得食"出自列宁的论述[1]，而"各尽所能、按劳分配"则是斯大林认定的社会主义分配制度的"公式"[2]。两部宪法采用直接引语形式将其纳入宪法条文，透露出严格遵守经典作家论断的原旨[3]，这和当时的政治环境密不可分。而"八二宪法"维持了各尽所能、按劳分配的表述，但是去掉了引号，从而去除了这一规范的引语属性，

---

[1] 列宁：《国家与革命》，中共中央马克思恩格斯列宁斯大林著作编译局译，人民出版社2001年版，第88页。
[2] 斯大林：《苏联社会主义经济问题》，中共中央马克思恩格斯列宁斯大林著作编译局译，人民出版社1952年版，第55页。
[3] 关于引号在宪法解释上的意义，见 Antonin Scalia & Bryan A. Garner, *Reading Law: The Interpretation of Legal Texts*, St. Paul: Thomson/West, 2012, p. 161。

暗示按劳分配的含义无须拘泥于经典作家的论述，可以与时俱进。"八二宪法"还删去了"不劳动者不得食"的提法，认为那属于"口号式的语言"[1]，这也表明需要根据现实来重新审视曾经以口号表述的、不可更易的信条。事实上，根据经典作家特别是马克思的构想，按劳分配要求劳动者支出的劳动和领取的产品完全等量，而这很难实际做到，因为劳动无法准确衡量；按劳分配要求直接以劳动换产品，而在仍然存在商品和货币的条件下，这种交换必然以货币为媒介；按劳分配还要求全体社会成员无差别地共同占有生产资料，而即使在公有制下，也存在国家所有和集体所有两种形式，各个集体所占有的生产资料也存在差异[2]。经典作家的设想不可能完全实现，如果严格依照这些设想来理解按劳分配，将导致宪法规范沦为乌托邦，而这显然与宪法构建现实秩序的目的相悖。解释学的通则是：应当采取让按劳分配符合现实的解释方案，而不是固守教条[3]。

相关的，以按劳分配的"马克思条件"不可能具备为由，主张否定或者虚置宪法按劳分配条款的规范效力，也是不正确的。因为，"马克思条件"只是经典作家理论成立的前提，并非宪法按劳分配规范生效的前提。在同时存在肯定和否定条文宪法效力的解释方案时，应当优先选择肯定的方案[4]。由此引出**宪法按劳分**

---

[1] 许崇德：《中华人民共和国宪法史》（下卷），福建人民出版社2005年版，第389页。
[2] 湖北财经学院、武汉大学编写组：《按劳分配有关范畴的分析》，人民出版社1979年版，第16—19页。
[3] "在语义允许的前提下，应该选择能够促进而非阻碍文本目标实现的解释方案。" Antonin Scalia & Bryan A. Garner, *Reading Law: The Interpretation of Legal Texts*, St. Paul: Thomson/West, 2012, p. 63.
[4] Antonin Scalia & Bryan A. Garner, *Reading Law: The Interpretation of Legal Texts*, St. Paul: Thomson/West, 2012, p. 66.

配规范的命令之一：对按劳分配的理解应当与时俱进，不应当拘泥于经典作家的论述。

二、解释方案的展开

解释立场的变化，为解释方案的调整奠定了基础。除了改变按劳分配规范本身的措辞以外，"八二宪法"更调整该规范与其他宪法条文的关系，以此为按劳分配设定了效率的目标。为了促进效率，国家在改革实践中对按劳分配的度量标准做了重新阐发，并且建立了一系列落实和支撑按劳分配的制度。这些改革经验都被写入宪法，大为丰富了按劳分配的规范意涵。

（一）按劳分配的效率目标

宪法明确赋予按劳分配以效率的目标，并将这一目标写入宪法文本。早在1982年制宪之前，我国的宪法虽然没有明文规定，但是在实践中历来将按劳分配用作实现特定目标的工具。"七五宪法"出台后，邓小平两度复出，领导整顿，将宪法按劳分配规范用作纠"左"的工具，为此肯定按劳分配的社会主义性质[1]，承认脑力劳动属于劳动[2]，恢复多劳多得的物质鼓励[3]。这些措施

---

[1] 叶剑英：《关于修改宪法的报告——一九七八年三月一日在中华人民共和国第五届全国人民代表大会第一次会议上的报告》，载《人民日报》1978年3月8日第1版。

[2] 邓小平：《尊重知识，尊重人才（一九七七年五月二十四日）》，载《邓小平文选》（第二卷），人民出版社1994年版，第41页。

[3] 邓小平：《关于科学和教育工作的几点意见（一九七七年八月八日）》，载《邓小平文选》（第二卷），人民出版社1994年版，第51页。

都于 1978 年写入宪法,实现了制度化,可谓制度规范的雏形。[1]
"七八宪法"出台后,宪法按劳分配规范又被用作提高经济效率的工具;与以往不同的是,新目标被写入了"八二宪法",其第 14 条第 1 款规定:"国家通过提高劳动者的积极性和技术水平,推广先进的科学技术,完善经济管理体制和企业经营管理制度,实行各种形式的社会主义责任制,改进劳动组织,以不断提高劳动生产率和经济效益,发展社会生产力。"如下文所述,"通过"一语引出的绝大部分措施,都与落实按劳分配密切相关,为宪法按劳分配规范提供了制度支撑;而"以"字则引出了这些措施的目标,可以概括为"效率",为宪法按劳分配规范提供了方向指引。所以,第 14 条第 1 款兼具目标规范和制度规范的性质,这是按劳分配的目标首度入宪。由此引出**宪法按劳分配规范的命令之二:效率应当成为按劳分配的重要目标**。

(二)按劳分配的度量标准

"八二宪法"制定时,按劳分配的实现机制是国家计划,相应的规范是第 15 条第 1 款第 1 句:"国家在社会主义公有制基础上实行计划经济。"据此,要由国家来度量按劳分配中的"劳",并以此作为在国家、集体(企业)和个人之间分配国民收入的标准。问题在于,"劳"为何意?它究竟是指劳动的投入,还是劳动的产出?按照经典作家的观点,"在一个集体的、以生产资料公有为基础的社会中,生产者不交换自己的产品;用在产品上的劳动在这里也不表现为这些产品的价值";"他给予社会的,就是他个人的

---

[1] "七八宪法"的有关条文有:第 10 条(按劳分配的社会主义性质)、第 52 条(文化活动的鼓励和帮助)等。

劳动量"[1]。换言之，劳动者的投入而非产出才是按劳分配的标准。在这种观点的指引下，劳动时间成为计算劳动量的主要依据，计时工资成为工资制度的绝对主体，也是按劳分配的主要体现[2]。

到了"八二宪法"制定时，这套做法的缺陷显露出来：一方面，同一企业（集体）内的工作时间基本一致，以工时为标准很难拉开工资差距，"干多干少一个样"，导致劳动的虚假投入盛行；另一方面，工资与劳动的产出基本无关，"干好干坏一个样"，导致劳动的低效投入盛行。虚假投入和低效投入降低了经济效率，与按劳分配的目标背道而驰。为了矫正手段和目的的悖反，"八二宪法"将按劳分配的标准从劳动的投入调整为产出，其第14条第1款规定，一系列按劳分配措施的标准是"劳动生产率和经济效益"。生产率和经济效益都是成本—收益关系的量度，引入这些概念意味着终结过去只讲投入、不看产出的做法，而将产出作为衡量劳动的关键因素。为了提高经济效益即改善成本—收益关系，第2款又规定"厉行节约，反对浪费"。彭真在修宪报告中将按劳分配界定为"使劳动者按照他们劳动的数量和质量取得应得的报酬"[3]，根据第14条，这里的"劳动"应该理解为劳动的产出而不是投入。由此引出**宪法按劳分配规范的命令之三：为了提高效**

---

[1] 马克思：《哥达纲领批判》，中共中央马克思恩格斯列宁斯大林著作编译局译，人民出版社1997年版，第13—14页。

[2] 令狐安、孙桢主编：《中国改革全书（1978—1991）·劳动工资体制改革卷》，大连出版社1992年版，第18页。

[3] 彭真：《关于中华人民共和国宪法修改草案的说明——一九八二年四月二十二日在第五届全国人民代表大会常务委员会第二十三次会议上》，载《人民日报》1982年4月29日第1版。

率，应当以劳动的产出而非投入来度量"劳"。

（三）按劳分配的制度支撑

1982年制宪时在总结改革初期经验的基础上，写入了落实按劳分配的一系列制度措施。这些制度分为物质鼓励、管理改革和利益兼顾三个方面：

一是关于物质鼓励的措施。当时，提高劳动者的积极性主要依靠精神鼓励，这对占绝大多数的普通劳动者而言效果有限。作为改革措施，按劳分配要求实现多劳多得，以"多得"促进"多劳"，提高劳动者的积极性。正如彭真在修宪草案说明中所指出的："按劳分配是同各尽所能相联系的。实行按劳分配，应当从思想上要求劳动者并且从物质利益上鼓励劳动者尽其所能地为社会劳动。"[1]为此，"八二宪法"取消了"七八宪法"的"精神鼓励和物质鼓励相结合而以精神鼓励为主的方针"（"七八宪法"第10条第2款），并特别规定国家奖励发明（第20条）和鼓励创造（第47条）[2]，冀图通过改善分配待遇来促进发明创造，为经济效率的提高提供动能。

二是关于管理改革的措施。分配是经济管理的重要内容。当时，国家对分配管得过细、过严、过死，企业（集体）和个人缺乏分配权限，积极性不高；国家、企业（集体）与个人之间的权责关系不清，分配缺乏依据，赏罚不明。作为改革措施，按劳分

---

[1] 彭真：《关于中华人民共和国宪法修改草案的说明——一九八二年四月二十二日在第五届全国人民代表大会常务委员会第二十三次会议上》，载《人民日报》1982年4月29日第1版。

[2] 第47条在表达自由方面的意义，见左亦鲁：《超越"街角发言者"：表达权的边缘与中心》，社会科学文献出版社2020年版，第76—81页。

配要求重置分配权限，放松国家管制；明确分配依据，发挥激励作用。为此，"八二宪法"赋予公民以经济事业的民主管理权（第2条第3款）[1]，赋予国营（后改为国有）企业和集体经济组织以经营自主权（第16条第1款、第17条第1款），允许企业和个人在一定程度上自行决定分配方案；"八二宪法"还肯定了实行责任制的合法性（第14条第1款），这不仅为当时农村如火如荼的包产制实验提供了依据，而且为确定国家、企业（集体）与个人之间的分配关系指明了方向。

三是关于利益兼顾的措施。当时，分配领域既存在压抑个人利益、工资长期过低的问题，也存在个别企业滥发奖金、"分光吃净"的现象。为此，国家从1977年开始，用3年时间几乎给每个职工都涨了一级工资[2]；同时坚决遏制滥发奖金之风。邓小平在整个1980年先后3次重申要实现国家、集体和个人利益的结合，防止滥发奖金现象的重演。[3] 为此，"八二宪法"第14条第3款规定要兼顾三组关系：积累与消费、国家集体与个人、生产与生活。邓小平指出，"工人的福利不可能在短期间有很大的增长，而

---

[1] 该规定在民主方面的意义，见阎天：《美国集体劳动关系法的兴衰——以工业民主为中心》，载《清华法学》2016年第2期。

[2] 令狐安、孙桢主编：《中国改革全书（1978—1991）·劳动工资体制改革卷》，大连出版社1992年版，第12页。

[3] 邓小平：《目前的形势和任务（一九八〇年一月十六日）》，载《邓小平文选》（第二卷），人民出版社1994年版，第258—259页；邓小平：《答意大利记者奥琳埃娜·法拉奇问（一九八〇年八月二十一日、二十三日）》，载《邓小平文选》（第二卷），人民出版社1994年版，第351—352页；邓小平：《贯彻调整方针，保证安定团结（一九八〇年十二月二十五日）》，载《邓小平文选》（第二卷），人民出版社1994年版，第362、370页。

只能在生产增长特别是劳动生产率增长的基础上逐步增长"。[1]这一论断写入"八二宪法"第 42 条第 1 款:"国家……在发展生产的基础上,提高劳动报酬和福利待遇。"由此引出**宪法按劳分配规范的命令之四:为了提高效率,应当采取物质鼓励、管理改革和利益兼顾的措施**。至此,宪法按劳分配规范的当代意涵获得了初步展开。

第二节 宪法按劳分配规范的变迁

"八二宪法"出台后直至 2018 年前,按劳分配规范所经历的最大冲击和变革,源于经济体制改革成果的入宪。先是 1993 年修改第 15 条,写入市场经济机制,从而赋予按劳分配的"劳"以劳动力市场价格的新含义;后是 1999 年修改第 6 条,写入基本经济制度和基本分配制度,从而赋予按劳分配在这两个制度下的新地位。[2] 通过解释,变革的冲力被宪法按劳分配规范所吸收,并引出了 5 条新的宪法命令。至此,宪法按劳分配规范的当代意涵获得了重大发展。

一、按劳分配与市场机制

"八二宪法"出台不久,国家全面启动工资改革,落实以产出

---

[1] 邓小平:《工人阶级要为实现四个现代化做出优异贡献(一九七八年十月十一日)》,载《邓小平文选》(第二卷),人民出版社 1994 年版,第 137—138 页。

[2] 此外,第 14 条第 1 款关于责任制的规定在农村落地,这反映在第 8 条第 1 款的两次修改:1993 年修宪时写入"家庭联产承包为主的责任制",1999 年进一步修改为"家庭承包经营为基础、统分结合的双层经营体制"。

衡量劳动和确定工资的宪法构想。根据国务院的通知，改革的目标是"使企业职工的工资同企业经济效益挂起钩来，更好地贯彻按劳分配的原则"，所以改革简称为"工效挂钩"。这既包括企业的工资总额与效益挂钩，又包括每个职工的工资与其贡献挂钩。[1]截至1990年底，全国国营企业总数的35%、国企职工总数的55%都实施了改革。[2]到了1993年修宪时，"工效挂钩"改革的缺陷显露出来：一方面，挂钩指标难以确定。国家要求"选择能够反映企业经济效益和社会效益的指标，作为挂钩指标"，而经济效益往往体现在诸多方面，很难用单一的指标来衡量。仅从文件上看，可以挂钩的指标就包括"上缴税利""最终产品的销量""周转量或运距运量""销售额或营业额"甚至"减亏幅度"等[3]，至于为何选择这些指标挂钩则难有定论。另一方面，改革无法拓展到国家机关和事业单位。这些机构一般不以营利为目的，经济效益更难衡量，缺乏可挂钩的指标。国家设想以职务工资作为按劳分配的主要体现，而职务工资所衡量的仍然是劳动投入而非产出，改革力度有限。[4]归根到底，虽然改革将工资与劳动产出挂钩，提高了生产积极性，但是并没有改变由国家来衡量劳动产出的机制，而这是国家无法承受之重。出路在于：让市场代替计划作为劳动产出的度量机制。1993年修宪时，市场经济取代计划经济，写入第15条第1款，标志着新度量机制的建立。

市场衡量劳动产出的标准是劳动力的价格。报酬是产出的对

---

[1] 令狐安、孙桢主编：《中国改革全书（1978—1991）·劳动工资体制改革卷》，大连出版社1992年版，第159页。
[2] 同上书，第14—15页。
[3] 同上书，第159页。
[4] 同上书，第163—164页。

价,产出越多、越好的劳动者,对于用人单位的吸引力越大,议价能力就越强,其劳动力的价格就越高。这样一来,就能实现多劳多得,发挥按劳分配对于劳动者的激励作用,实现提升效率的宪法目标。原理很简洁,现实则要复杂许多。当时,落实宪法按劳分配市场度量机制的挑战主要有三方面:

一是要不要建设劳动力市场的问题。用市场度量劳动,势必要求承认劳动力的商品属性,建立劳动力市场。一种观点认为,社会主义制度下的劳动力不是商品,否则就与宪法要求劳动者以主人翁态度对待劳动的要求(第42条第2款)相悖。[1] 讨论多年之后,1993年修宪后不久即召开中共中央第十四届三中全会,通过了《中共中央关于建立社会主义市场经济体制若干问题的决定》,将劳动力市场确定为"当前培育市场体系的重点"之一,给争论画上了句号。

二是如何应对劳动力市场失灵的问题。用市场度量劳动,就可能发生劳动力市场失灵现象,表现为劳动力的价格信号出现失真和扭曲。比如,在社会普遍对某一人群存有偏见的情况下,就可能发生对该人群工资的系统性压抑,这是无法通过劳动力市场自身力量矫正的。[2] 为此国家应当根据《宪法》第15条第2款,"加强经济立法,完善宏观调控",矫正市场失灵,恢复劳动力的应有价格。

三是怎样把握改革推进节奏的问题。改革的目的是优化体制

---

[1] 参见靳共元:《社会主义经济中劳动力也应当是商品》,载《山西财经学院学报》1986年第6期。
[2] 参见John J. Donohue, III:《雇佣歧视法透视:三维平等观》,载阎天编译:《反就业歧视法国际前沿读本》,北京大学出版社2009年版。

内（国企、机关、事业单位）的按劳分配[1]，然而改革不可能一蹴而就，这就使得如何把握节奏的问题凸显出来。时至今日，国企的工资总额仍然采取"工资效益联动"的方式来确定，这是"工效挂钩"的延续；职工工资则将"市场对标"作为考量因素之一，这是市场化不彻底的表现[2]。囿于自身性质和职能，机关、公益性事业单位及自然垄断的国企不可能充分市场化，如何运用市场机制改善其按劳分配是理论和实践的难题[3]。改革的分步骤实现本身并不构成违宪[4]，但是如何运用宪法监督改革的节奏、把握改革的进程，则是有待探讨的课题。

以上三个挑战的应对方略都初步确定之后，落实宪法按劳分配规范的路线图就浮出水面，立法和行政机关的行宪工作旋即展开。国务院劳动行政部门于1993年底出台了《劳动部关于建立社会主义市场经济体制时期劳动体制改革总体设想》，将应对方略纳

---

[1] 体制外即非公有制经济的用人单位则一直享有较为完整的分配自主权，劳动者的工资主要由市场决定。
[2] 《国务院关于改革国有企业工资决定机制的意见》（国发[2018]16号）。
[3] 例如，1993年的《国务院关于机关和事业单位工作人员工资制度改革问题的通知》（国发[1993]79号）虽然强调改革"要根据改革开放和建立社会主义市场经济体制的要求，进一步贯彻按劳分配原则"，但是具体内容则基本没有运用市场机制。近年来出现的问题包括：个别国企利用自然垄断实行高工资；国企高管薪酬过分低于市场价，诱发腐败冲动，等等。见谭中和等：《中国工资收入分配改革与发展（1978—2018）》，社会科学文献出版社2019年版，第155—166页。
[4] 例如，在著名的"布朗第二案"（349 U. S. 294）中，美国最高法院就判决，公立中小学废除种族隔离应的行动当尽快展开、审慎推进、分步实现。

入其中。《设想》提出:"市场机制在工资决定中起基础性作用,通过劳动力供求双方的公平竞争,形成均衡工资率;……企业作为独立的法人,享有完整意义上的分配自主权;政府主要运用法律、经济手段(必要时采用行政手段),控制工资总水平,调节收入分配关系,维护社会公平。"次年出台的《劳动法》将上述构想提升为法律。第46条规定:"工资分配应当遵循按劳分配原则,实行同工同酬。工资水平在经济发展的基础上逐步提高。国家对工资总量实行宏观调控。"第47条规定:"用人单位根据本单位的生产经营特点和经济效益,依法自主确定本单位的工资分配方式和工资水平。"至此,按劳分配引入市场机制的宪法变迁告一段落。由此引出**宪法按劳分配规范的命令之五:应当以市场价格作为度量"劳"的标准。**

二、按劳分配与所有制结构

1999年修宪时,将《宪法》第6条第2款合并入第1款,作为第2句,并新增第2款,形成了宪法按劳分配规范的当下格局。其中,理解第1款第2句规范意涵的关键,是解释按劳分配的"原则"地位,以及回答按劳分配是否存在于非公有制经济之中。

(一)公有制下的"原则"地位

《宪法》第6条第1款第2句规定,按劳分配是公有制的分配"原则"。什么是"原则"? 在公有制下是否有其他所有制生存的"例外"空间? 这是解释学上不容回避的问题。按照平义优先的解释规则[1],查阅《现代汉语词典》可知,"原则"一语有两个常

---

[1] Antonin Scalia & Bryan A. Garner, *Reading Law: the Interpretation of Legal Texts*, St. Paul: Thomson/West, 2012, p. 69.

见义项：一是"说话或行事所依据的法则或标准"，其含义与"重要的规则"略同；二是"指总的方面；大体上"，也即与"例外"相对[1]。那么，第6条第1款第2句的"原则"应采哪个义项呢？通常来说，同一法律文本内的相同语汇应做同一解释[2]，然而现行宪法恰恰错杂使用了"原则"的两种含义，构成例外。比如，序言中的和平共处"五项原则"、第3条中的央地权限划分"原则"、第27条中的国家机关实施精简"原则"，显然不存在"例外"之说，宜解释为义项一；而第3条中的国家机关实施民主集中制"原则"、第67条中的全国人大常委会修改人大立法不得抵触"基本原则"，则都存在"例外"，宜解释为义项二[3]。这样一来，就无法通过宪法文本中其他"原则"来推测第6条第1款第2句的"原则"的含义。与本章处理的诸多解释难题一样，答案仍然在历史中。

按劳分配作为公有制分配"原则"的表述始于"七五宪法"，并被"七八宪法"和"八二宪法"延续下来。按照经典作家的构

---

[1] 中国社会科学院语言研究所词典编辑室编：《现代汉语词典》（第7版），商务印书馆2016年版，第1611页。

[2] Antonin Scalia & Bryan A. Garner, *Reading Law: the Interpretation of Legal Texts*, St. Paul: Thomson/West, 2012, p. 170.

[3] 关于宪法上的民主集中制可以有例外，全国人大常委会办公厅研究室有关人员的解读是："宪法的写法比较合适，说明'原则'上国家机关都实行民主集中制，但具体的形式还可以有所不同。"刘政主编，《〈中华人民共和国宪法〉通释》，中共中央党校出版社1993年版，第35页。全国人大常委会法工委办公室有关人员的解读是："对于国家机关的活动是否必须实行民主集中制，不能一概而论。……中央军事委员会就实行主席负责制。……国务院实行总理负责制。"许安标主编：《宪法及宪法相关法解读》（修订版），中国法制出版社2019年版，第116页。

想,社会主义公有制下应当首先实行按劳分配,待共产主义建成时再实行按需分配,而其他分配方式没有生存土壤。[1] 事实上,正是列宁将与"按劳分配"并列的"不劳动者不得食"宣示为"社会主义原则"。[2] "七五宪法"和"七八宪法"都倾向于遵循经典作家的原意,那么这两部宪法中的按劳分配"原则"都应当解释为义项一,即不允许例外的存在。而"八二宪法"不再拘泥于经典作家的构想,为重新理解"原则"提供了契机。1987年党的十三大提出"以按劳分配为主体,其他分配方式为补充"以后,《宪法》虽未修改,却引起了立法的响应。次年出台的《全民所有制工业企业法》第13条规定:"企业贯彻按劳分配原则。在法律规定的范围内,企业可以采取其他分配方式。"当时所称的"其他分配方式",主要是指实行承包、租赁经营责任制的企业中,承包人、租赁人取得收益的方式,以及职工购买企业债券所得的利息、职工参股获得的分红等。[3] 这构成按劳分配的例外,将《宪法》中的"原则"理解为了义项二。1993年修宪时,党中央再次肯定了这种理解。《关于修改宪法部分内容的建议的说明》指出:"宪法第六条规定社会主义公有制实行按劳分配的原则,并不排除按

---

[1] 马克思:《哥达纲领批判》(第3版),中共中央马克思恩格斯列宁斯大林著作编译局译,人民出版社1997年版,第16页。

[2] 列宁:《国家与革命》,中共中央马克思恩格斯列宁斯大林著作编译局译,人民出版社2001年版,第88页。

[3] 国家经济委员会经济法规局(由该局"参与企业法起草的同志"撰写):《中华人民共和国全民所有制工业企业法附条文释义》,中国政法大学出版社1988年版,第39页;房维廉、安建、何乃坚等(由"全国人大常委会法制工作委员会参加企业法立法实际工作的同志"撰写):《中华人民共和国全民所有制工业企业法释义》,工商出版社1988年版,第49页。

劳分配以外的其他分配方式。"1999年修宪以后，公有制下的以按劳分配为原则、不排除其他分配方式，与总体分配格局上的"以按劳分配为主体、多种分配方式并存"，已经不再具有解释学意义上的实质区别。义项二是第6条第1款第2句中"原则"在当下的正解。由此引出**宪法按劳分配规范的命令之六：公有制经济中可以存在按劳分配以外的分配方式。**

(二) 公有制外的实施空间

在公有制以外的非公有制经济当中，有没有实施按劳分配的空间？按照经典作家的本意，答案是否定的，因为按劳分配要以公有制为前提。[1]这种观点也反映在"七八宪法"中。当时，叶剑英在修宪报告中指出："只有在社会主义的生产资料公有制基础上，才能实行'各尽所能、按劳分配'的原则。这是社会主义的原则。"[2]现行宪法不再拘泥于经典作家的观点，为重新理解非公有制下的按劳分配提供了可能。有学者认为，《宪法》第6条第1款第2句的措辞，具有"明示其一排除其余"的效果，间接否定了按劳分配在公有制以外的生存机会。[3]然而，在解释学上，"明示其一"并不必然具有"排除其余"的效果，需要结合背景加以分析。[4]"八二宪法"问世之初，国家要求非公有制企业的内部

---

[1] 马克思：《哥达纲领批判》（第3版），中共中央马克思恩格斯列宁斯大林著作编译局译，人民出版社1997年版，第16页。

[2] 叶剑英：《关于修改宪法的报告——一九七八年三月一日在中华人民共和国第五届全国人民代表大会第一次会议上的报告》，载《人民日报》1978年3月8日第1版。

[3] 例如，李响：《"按劳分配"在中国：一个宪法概念的浮沉史》，载《中外法学》2019年第5期。

[4] Antonin Scalia & Bryan A. Garner, *Reading Law: the Interpretation of Legal Texts*, St. Paul: Thomson/West, 2012, p. 107.

分配比照国企进行。例如，国务院劳动行政部门规定，"外商投资企业职工的工资水平，由董事会按照不低于所在地区同行业条件相近的国营企业平均工资的百分之一百二十的原则加以确定"；"职工在职期间的保险福利等待遇，按照中国政府对国营企业的有关规定执行"。[1] 这显然是希望让体制内的按劳分配对于体制外形成影响和制约，说明非公有制企业并未与按劳分配绝缘，甚至在一定程度上有按劳分配的义务。1993年修宪以后，按劳分配的含义变为按劳动力的市场价格分配，而劳动力市场不区分用人单位的所有制，是统一的，这意味着非公有制经济实施按劳分配已经不存在障碍。正因如此，《劳动法》第46条才把按劳分配规定为各种所有制企业工资分配的共同原则。1999年修宪时，第6条第2款的表述正式将所有制与分配形式脱钩，非公有制经济下实施按劳分配的空间已无悬念。当然，允许不等于强制，这和公有制经济下必须以按劳分配为原则是不同的。由此引出**宪法按劳分配规范的命令之七：非公有制经济中可以存在按劳分配。**

三、按劳分配与分配制结构

1999年修宪时增写了第6条第2款，要求建立以按劳分配为主体、多种分配方式并存的分配制度。所谓多种分配方式，主要是指按包括劳动在内的各种生产要素分配。理解该款规范意涵的关键，是回答按劳分配如何与其他分配方式并存，以及解释按劳分配原则的"主体"地位。

---

[1] 原劳动人事部《关于外商投资企业用人自主权和职工工资、保险福利费用的规定》（1986年11月10日）。

(一) 多种分配的并存方式

按劳分配与按劳动以外的其他生产要素分配，在宏观上显然可以并存，只需将国民收入的"蛋糕"按照各要素的贡献加以切分即可。中共第十九届四中全会将这种共存方式描述为"由市场评价贡献、按贡献决定报酬的机制"[1]。而在微观上即企业层面，这种共存如何实现？各种要素的贡献体现在何处，报酬又体现在何处？目前，按劳分配的主要制度是工资制，而按其他生产要素分配的主要制度是股份制（早年承包制较为流行）[2]，两种主体、两种制度、两种权利显然不能混同，那么它们如何"并存"？不解决这个问题，宪法上关于多种分配方式并存的命令就缺乏规范意义。

《公司法》和财政部《企业会计准则》对于这个问题作出了初步解答。根据相关规定，按劳分配与按其他生产要素分配的并存方式，可以概括为"先发工资，后分利润"，即在企业收入形成之后，首先要履行工资债务、发放劳动报酬、实现按劳分配，完成其他扣除以后的剩余部分才是利润[3]；利润在缴清公积金之后向

---

[1] 《中共中央关于坚持和完善中国特色社会主义制度 推进国家治理体系和治理能力现代化若干重大问题的决定（2019年10月31日中国共产党第十九届中央委员会第四次全体会议通过）》，载《人民日报》2019年11月6日第1版。
[2] 企业实施股份制与承包制之争，参见厉以宁：《我与中国股份制改革》，载中国经济体制改革研究会编：《见证重大改革决策——改革亲历者口述历史》，社会科学文献出版社2018年版，第252—262页。
[3] 参见《企业会计准则——基本准则》和《企业会计准则第9号——职工薪酬》。职工薪酬即按劳分配部分均列入负债，企业资产减去负债之后的剩余部分是所有者权益，而待分配利润则是所有者权益的一部分。

股东分配，实现按劳动以外的生产要素分配。[1] 各种分配方式虽然并存，实现却有先后，其本质是劳动者不承担企业经营风险。为了让按劳分配与经营风险脱钩，法律规定了一系列制度：一方面，企业经营不善时，法律保护劳动报酬非经协商不会减少。例如，《劳动合同法》允许企业实施经济性裁员，但是未规定经济性降薪制度；企业被兼并或重组时，劳动报酬给付义务由新企业承继；《企业破产法》第113条规定，企业破产时，劳动债权应当优先清偿。另一方面，企业经营良好时，法律也规定劳动报酬非经协商不会增加。例如，《公司法》曾经规定，企业在分配利润前，先要从利润中扣除法定公益金，用于集体福利，2005年修法时则予以废除，从而取消了劳动者对于利润的法定分配权。[2]

将按劳分配与经营风险脱钩，有利于防止企业所有者和经营者向劳动者转嫁经营风险，防止了按其他要素分配过分挤压按劳分配。当然，脱钩规定的强制性有限，通常并不排除用人单位与劳动者通过约定实现"挂钩"。同时，按劳分配也并不意味着与劳动者的业绩脱钩。相反，根据业绩即劳动产出调整工资，多劳多得、少劳少得，恰恰是宪法按劳分配规范实现效率目标的重要手段。由此引出**宪法按劳分配规范的命令之八：企业等的收入应当首先进行按劳分配，之后如有利润才可以用按劳分配以外的方式分配。**

(二) 按劳分配的主体地位

从按劳分配主体地位的提出过程来看，所谓主体地位很可能

---

[1] 《公司法》第166条。
[2] 关于法定公益金的存废，参见刘佳萍：《法定公益金制度何去何从》，载《金融法苑》2005年第4期。

并不具备独立的规范意义。党的十五大报告首次提出"坚持按劳分配为主体、多种分配方式并存的制度",但并未对按劳分配的主体地位作出阐发,而是把重点放在多种分配方式并存上,强调"把按劳分配和按生产要素分配结合起来"[1]。可资佐证的是,宪法的"准"官方解读者和参与 1999 年修宪的人士都认为,按劳分配的主体地位是从公有制的主体地位推导而来,这是所有制决定分配制的马克思主义观点的应用[2]。只要定理成立,推论就必然成立,所以推论不具备独立于定理的规范意义。换言之,只要公有制的主体地位得到确保,按劳分配的主体地位就不会动摇。在解释学上,"任何词汇和条款均无须被解释成重复其他条款或不产生后果"[3],所以在公有制的主体地位之外另行解释按劳分配的主体地位是没有意义的。

那么,可不可以主张,按劳分配的主体地位体现为劳动要素在分配中的比例占优,应当高于资本的分配占比?甚至可否要求所有经济单位都要做到这一点?无论从文义、历史还是目的的角

---

[1] 江泽民:《高举邓小平理论伟大旗帜,把建设有中国特色社会主义事业全面推向二十一世纪——在中国共产党第十五次全国代表大会上的报告(1997 年 9 月 12 日)》,载《人民日报》1997 年 9 月 22 日第 1 版。

[2] "生产资料所有制决定分配制度……实行生产资料公有制,决定了在分配方式上必要采用按劳分配……多种所有制经济的存在决定了分配方式上的多样化。"许安标主编:《宪法及宪法相关法解读》(第 2 版),中国法制出版社 2019 年版,第 94 页。"[按劳分配为主体、多种分配方式并存]同当前基本经济制度的所有制结构相适应……"许崇德:《中华人民共和国宪法史》(下卷),福建人民出版社 2005 年版,第 542 页。

[3] Antonin Scalia & Bryan A. Garner, *Reading Law: the Interpretation of Legal Texts*, St. Paul: Thomson/West, 2012, p. 174.

度解释宪法，答案都是否定的。从文义上说，《现代汉语词典》对"主体"一词的对应解释是"事物的主要部分"，而对"主要"一词的解释是"有关事物中最重要的；起决定作用的"。[1] 可见，按劳分配是否构成分配制度的主体，并不取决于其占比或规模等数量因素，而是取决于其重要性。至于何谓重要，则可见仁见智。从历史上说，党的十五大报告在论述公有制的主体地位时，虽然将"公有资产在社会总资产中占优势"列为公有制主体地位的表现之一，但是强调"这是就全国而言，有的地方、有的产业可以有所差别"，"公有资产占优势，要有量的优势，更要注重质的提高"。[2] 既然公有制的主体地位不可等同于数量优势，作为推论的按劳分配的主体地位也就不宜做类似解读。从目的上说，宪法按劳分配规范的目的是提高经济效率，而如果认为劳动要素的分配占比越高、按劳分配的主体地位就实现得越好，就可能与效率的目标背道而驰。试想，企业经营不善，经济效益就差，利润就会下降甚至没有，劳动以外生产要素的分配就会相应减少乃至消失，而劳动报酬不变，按劳分配的占比就会变大，主体地位就实现得好；反之，企业经营有方，经济效益就好，利润就会上升，劳动以外生产要素的分配就会相应增加，而劳动报酬不变，按劳分配的占比就会变小，主体地位就实现得差。为了实现按劳分配的主体地位，难道要把企业越办越差吗？这在宪法上显然不可接受。

---

[1] 中国社会科学院语言研究所词典编辑室编：《现代汉语词典》（第7版），商务印书馆2016年版，第1712页。

[2] 江泽民：《高举邓小平理论伟大旗帜，把建设有中国特色社会主义事业全面推向二十一世纪——在中国共产党第十五次全国代表大会上的报告（1997年9月12日）》，载《人民日报》1997年9月22日第1版。

由此引出**宪法按劳分配规范的命令之九：按劳分配的主体地位没有独立的实质规范意义**。

第三节 宪法按劳分配规范的新生

2018年，现行宪法迎来新一轮修改。从结构上看，序言前6段总结历史，后6段规划未来，居中的第7段则承前启后，总结历史经验并确定未来指针。新发展理念正是写入了第7段，为包括分配制度在内的各项制度改革确定了方向。创新发展和共享发展的引入，在1982年制宪以后首次改变了按劳分配的"目标函数"；目标的变化引发了手段的变革，不仅按劳分配本身获得了新的意义，而且一些曾经指向效率的宪法制度也被重新解释和"定向"。宪法按劳分配规范由此获得了新生。

一、创新发展理念的引入

(一) 创新目标的阐发

所谓创新发展理念，包含两个要素：一是创新，二是创新与发展的关系。什么是创新？著名的创新理论家熊彼特认为，创新可以划分为新产品、新工艺、新供应源、新市场、新企业组织方式的创制或开辟。[1] 习近平同志指出："党的十八大提出创新驱动发展战略，就是要推动以科技创新为核心的全面创新。"[2] 可见，

---

[1] 詹·法格博格、戴维·莫利、理查德·纳尔逊主编：《牛津创新手册》，柳卸林等译，知识产权出版社2009年版，第5—9页。

[2] 中共中央文献研究室编：《习近平关于科技创新论述摘编》，中央文献出版社2016年版，第17页。

创新发展理念中的"创新",主要是指运用科学技术创造新的产品和工艺。那么,创新与发展之间存在何种关联?创新驱动发展战略将创新作为"引领发展的第一动力"[1],而创新驱动发展的关键步骤是创新成果的转化。"创新不是发表论文、申请到专利就大功告成了,创新必须落实到创造新的增长点上,把创新成功变成实实在在的产业活动",从而"完成从科学研究、实验开发、推广应用的三级跳"[2],这就是创新发展理念的基本含义。

对于宪法按劳分配规范而言,创新目标与既有的效率目标高度重合,冲突不明显。习近平同志指出,实施创新驱动发展战略,就要"提高劳动生产率和资本回报率","发挥创新激励经济增长的乘数效应","最大限度解放和激发科技作为第一生产力所蕴藏的巨大潜能"[3],这与《宪法》第14条第1款相互呼应。目标的重合引出了手段的重合,大部分原有的、用于促进效率的制度手段都同样能够促进创新。例如,1982年制宪时规定的关于对劳动者实施物质鼓励的措施,无疑能够促进创新,这是习近平同志强调要"使发明者、创新者能够合理分享创新收益""使他们'名利双收'"的原因所在[4];关于改进管理制度的措施,特别是扩大企业自主权,能够"使企业真正成为技术创新决策、研发投入、科研组织、成果转化的主体"[5],从而服务于创新;1993年修宪

---

[1] 习近平:《在省部级主要领导干部学习贯彻党的十八届五中全会精神专题研讨班上的讲话(2016年1月18日)》,人民出版社2016年版,第8页。
[2] 中共中央文献研究室编:《习近平关于科技创新论述摘编》,中央文献出版社2016年版,第6页、第16页。
[3] 同上书,第10页、第16页、第19页。
[4] 同上书,第60页、第121页。
[5] 同上书,第55页。

时引入市场机制，按照创新性劳动的市场价格确定其回报，有助于效率与创新的双赢；1999年修宪时引入多种分配方式，使得创新成果可以作为知识、技术或者数据等生产要素参与分配，同样是激励创新的有效做法。在创新目标入宪以后，上述制度同时服务于效率和创新两个目标，而内容基本不变。由此引出**宪法按劳分配规范的命令之十：创新发展应当成为按劳分配的重要目标。**

(二) 多种分配并存方式的更新

如何通过按劳分配来促进创新发展？习近平总书记指出，关键在于"强化分配激励，让科技人员和创新人才得到合理回报"。[1] 其《宪法》依据是第20条关于奖励发明的规定，以及第47条关于鼓励科技的规定。多年的实践表明，分配激励的形成，固然要靠落实按劳分配、让创新者多劳多得，更重要的则是妥善处理按劳分配与按知识技术要素分配的关系，使得创新者的劳动得到两次评价、参加两种分配、形成双重激励。"一个劳动，两种分配"是对《宪法》第6条第2款"多种分配方式并存"的新理解，它反映出知识技术性劳动在分配中地位的提高。以往，知识技术性劳动作为劳动要素的一部分，只能参与按劳分配；现在，知识技术性劳动不仅保留了劳动的属性，而且被承认为独立的生产要素，获得了参与利润分配的资格。知识技术性劳动的二重分配地位，被党的十八届五中全会描述为"以增加知识价值为导向的分配政策"。[2]

---

[1] 中共中央文献研究室编：《习近平关于科技创新论述摘编》，中央文献出版社2016年版，第123页。

[2] 中共中央文献研究室编：《习近平关于社会主义社会建设论述摘编》，中央文献出版社2017年版，第42页。

现代科技条件下的创新需要大量的资源投入和人员协作，这就决定了创新活动大多是组织行为，创新人员大多是应聘上岗，创新成果大多是职务技术成果[1]，其中又以专利法上的职务发明创造为主。这样一来，职务发明创造的奖酬制度，就成为按劳分配与创新发展的主要连结点。以"一个劳动，两种分配"为核心，我国职务发明创造奖酬制度经历过两次重要改革。第一次改革可以概括为"奖酬分开"，以按劳分配的奖金来奖励创新成果，以按知识技术要素分配的报酬来奖励成果推广。1985年制定的《专利法实施细则》规定，专利权被授予后，发明人或设计人应当获得奖金（第71条）。奖金应当计入企业成本（第71条），属于负债，这反映了奖金的按劳分配属性。专利获得实施后，发明人或设计人应当获得报酬；报酬一般从自行实施专利的利润中按比例提取，或者从许可实施专利的使用费中按比例提取（第72条、第73条）。报酬不计入奖金总额（第74条），属于利润，这反映了报酬的非按劳分配即按知识技能要素分配属性。"奖酬分开"改革的实质，是为创新的推广提供单独的激励，促使创新人员将推广问题纳入思考，以推广为导向规划创新的方向。在《专利法》及《专利法实施细则》的后续修改中，"奖酬分开"的制度不断完善，而其"一个劳动，两种分配"的本质保持不变。

第二次改革可以概括为以"奖酬合一"，以按劳分配的股权来奖励创新成果及其推广。1996年施行的《促进科技成果转化法》第30条第2款规定："采用股份形式的企业，可以对在科技成果的

---

[1] "职务技术成果"是原《技术合同法》上的术语。该法对于职务技术成果与非职务技术成果的区分，见宋汝棼：《参加立法工作琐记》，中国法制出版社1994年版，第170—172页。

研究开发、实施转化中作出重要贡献的有关人员的报酬或者奖励，按照国家有关规定将其折算为股份或者出资比例。该持股人依据其所持股份或者出资比例分享收益。"据此，奖励与报酬可以合并，且均采取股权或出资比例的形式，其性质为按劳分配；发明创造人所获得的股权或出资比例属于以知识技术入股或出资，据此取得后续收益的性质是按知识技术分配。可见，"奖酬合一"并没有改变"一个劳动，两种分配"的实质；其所区别于第一次改革之处，在于让发明创造人取得了股东或出资人的身份，激励他们更加直接而深入地参与创新成果的转化。2015 年，《促进科技成果转化法》修正，规定作为奖励的股权或出资比例不低于 50%（第 45 条），加大了激励的力度。创新发展入宪之后，"奖酬合一"作为促进创新的分配措施，获得了更高的宪法地位。2019 年初公开征求意见的《专利法修正案（草案）》增加规定，职务发明创造的单位为了"促进相关发明创造的实施和运用"，可以采用"股权、期权、分红等方式"（第 6 条第 1 款）。这是对"奖酬合一"的重申和扩展。由此引出**宪法按劳分配规范的命令之十一：为了促进创新，应当允许就同一劳动同时参与按劳分配和按知识技术要素分配。**

（三）国有资产保值增值的省思

然而，"奖酬合一"在实践中遇到了诸多难题，这些问题集中在创新成果的作价上。创新成果必须首先作价，之后才能用于出资或入股，再后才能从中提取一定比例分给创新人员；一旦作价环节受阻，后续的"奖酬合一"就无从谈起。作价在非公有制经济中困难较小，而在公有制经济中就要面临国有资产保值增值的考量。创新成果属于国有资产，如何作价才能避免流失？特别是，假如后续开发的效果好、创新人员的收益多，就很容易引发当初作价过低的观感，令人质疑当初是否存在贱卖国有资产、甚至与创新人员串谋攫取国有资产。在这种顾虑之下，国有企事业单位在处置创新成果时，遭遇了法律以外的备案要求，甚至"名为备案、实为审批"；有关单位负责人为了规避追责风险，往往倾向于将创新成果闲置，不予转化。[1]

在宪法层面，"奖酬合一"改革所面临的困难，本质上是需要解释《宪法》第6条第2款的"多种分配方式并存"，使之同时服务于《宪法》序言的创新发展理念和第12条第2款第1句的"国家保护社会主义的公共财产"。对于国有企事业单位创新成果作价的严格审查和追责，固然有利于填补监管漏洞、保护国有资产，但是也会导致与第12条相悖的后果，即国有企事业单位会为了避险而闲置创新成果，导致成果迅速落后、丧失开发价值，构成国有资产的损失；这些单位还会尽量低估创新成果的价值，以防日后被指责成"贱卖"。严格的审查和追责更会严重阻碍创新成果的转化，有悖于创新发展的理念。从利益权衡出发，适度放松审查和追责，更有利于同时促进创新发展和国资保护两大宪法目标。由此引出**宪法按劳分配规范的命令之十二：为了促进创新，应当对于国有资产的保值增值采取适度灵活态度。**

二、共享发展理念的引入

（一）按劳分配共享目标的阐发

共享发展理念的含义很宽广，公共服务、扶贫、教育、就业、收入差距、社会保障、健康、人口、弱势群体保护等问题都在关

---

[1] 北京大学课题组：《职务发明权益分配制度的理论思考》，未刊稿，2017年11月16日。

切范围之内。[1] 而共享发展的核心是社会公正,焦点是分配不公,方向是共同富裕。这就与按劳分配发生了关系。习近平总书记反复指出,"共享发展注重的是解决社会公平正义问题"[2];"我国经济发展的'蛋糕'不断做大,但分配不公问题比较突出"[3];"共享发展理念实质就是坚持以人民为中心的发展思想,体现的是逐步实现共同富裕的要求"[4]。这些论断在党的历史上由来有自。现行宪法制定之前,邓小平在论述按劳分配时,总是把按劳分配与提高积极性、加快经济发展联系在一起[5],促使效率在制宪时成为按劳分配的主要目标;制宪完成之后,邓小平转而将按劳分配与防止两极分化、实现共同富裕联系在一起,这是《邓小平文选》第二卷与第三卷的重要差异。他严肃地告诫:"如果导致两极分化,改革就算失败了"[6],"而坚持社会主义,实行按劳分配的原则,就不会产生贫富过大的差距"[7]。共享发展理念位于邓小平

---

[1]《中共中央关于制定国民经济和社会发展第十三个五年规划的建议(二〇一五年十月二十九日中国共产党第十八届中央委员会第五次全体会议通过)》,载《人民日报》2015年11月4日第1版。

[2] 中共中央文献研究室编:《习近平关于社会主义社会建设论述摘编》,中央文献出版社2017年版,第35页。

[3] 同上书,第36页。

[4] 习近平:《在省部级主要领导干部学习贯彻党的十八届五中全会精神专题研讨班上的讲话(2016年1月18日)》,人民出版社2016年版,第25页。

[5] 例如,邓小平:《坚持按劳分配原则(一九七八年三月二十八日)》,载《邓小平文选》(第二卷),人民出版社1994年版,第101—102页。

[6] 邓小平:《改革是中国发展生产力的必由之路(一九八五年八月二十八日)》,载《邓小平文选》(第三卷),人民出版社1993年版,第139页。

[7] 邓小平:《建设有中国特色的社会主义(一九八四年六月三十日)》,载《邓小平文选》(第三卷),人民出版社1993年版,第64页。

理论的延长线上，它的入宪是一段漫长思想之旅的里程碑。

共享与按劳分配的其他两个目标——效率和创新——之间，关系较为复杂。就共享与效率来说，二者的关系有一致的一面，做大"蛋糕"是分好"蛋糕"的前提，共享"不是不要发展了，不是要搞杀富济贫式的再分配"[1]；但是二者的关系也有不一致甚至相互冲突的一面。党是用分配效率与公平的范畴来探讨二者的关系的。十四届三中全会提出"效率优先、兼顾公平"[2]，相当于将效率目标放到共享之前；十六大提出"初次分配注重效率，再分配注重公平"[3]，相当于将效率和共享两个目标分别与两次分配对应；十七大提出"初次分配和再分配都要处理好效率和公平的关系，再分配更加注重公平"[4]，明显抬升了共享目标的地位，将共享与初次分配重新联系起来。问题的关键在于，如何在包括按劳分配在内的初次分配之中，实现共享与效率的双赢？而就共享与创新来说，二者的关系同样有一致的一面，创新驱动发展是做大"蛋糕"以供分享的前提；但是创新拉大收入差距、威胁共享发展的可能性不容忽视。正如习近平总书记所指出的，"加

---

[1] 中共中央文献研究室编：《习近平关于社会主义社会建设论述摘编》，中央文献出版社2017年版，第41页。

[2]《中共中央关于建立社会主义市场经济体制若干问题的决定（中国共产党第十四届中央委员会第三次全体会议1993年11月14日通过）》，载《人民日报》1993年11月17日第1版。

[3] 江泽民：《全面建设小康社会，开创中国特色社会主义事业新局面——在中国共产党第十六次全国代表大会上的报告（2002年11月8日）》，载《人民日报》2002年11月18日第1版。

[4] 胡锦涛：《高举中国特色社会主义伟大旗帜 为夺取全面建设小康社会新胜利而奋斗——在中国共产党第十七次全国代表大会上的报告（2007年10月15日）》，载《人民日报》2007年10月25日第1版。

快创新必然引起技术落后企业关停并转,带来相当数量的失业";"科技进步和创新创造了很多新的业态,但劳动力难以适应,造成了大量结构性失业"。[1] 历史表明,技术创新虽然能够提高普通工人工资,但是需要数十年时间来过渡;而当下全球恰好处于过渡期内,"技术导致许多普通工人失去工作,工资减少,但是高收入者的薪酬仍在大幅上涨"。[2] 问题的关键在于,如何通过按劳分配,实现创新与共享的双赢?由此引出**宪法按劳分配规范的命令之十三:共享发展应当成为按劳分配的重要目标。**

(二)劳动报酬提高条件的更新

如何通过按劳分配来同时促进共享和效率?更具体地,如何像邓小平所设想的那样,在发展经济的同时,通过按劳分配来缩小贫富差距?应当说,缩小贫富差距主要还是依靠再分配措施,例如税收、社会保障和转移支付;包括按劳分配在内的初次分配措施虽然处于配角地位,但并非无所作为。在宪法层面,应当重新解释第42条第2款,使之不仅服务于按劳分配的效率目标,而且服务于共享目标。第42条第2款规定:"国家……在发展生产的基础上,提高劳动报酬和福利待遇。"前文述及,该规定本来是为了提高效率而在分配中采取的利益兼顾措施,将发展生产设定为提高报酬的必要条件,无发展则无分配;2018年修宪以后,该规定应当重新解释成为促进共享而在分配中采取的利益保障措施,将发展生产设定为提高报酬的充分条件,有发展必有分配。

---

[1] 中共中央文献研究室编:《习近平关于社会主义社会建设论述摘编》,中央文献出版社2017年版,第68页。

[2] 詹姆斯·贝森:《创新、工资与财富:为什么技术进步、财富增加,你的工资却止步不前》,刘洲译,中信出版集团2017年版,第Ⅳ—Ⅴ页。

新的解释并不超出文义的射程，与原有的解释也可以在逻辑上并存。

怎样落实新的解释？当前的主要做法是"两个同步"，即"努力推动居民收入增长和经济增长同步、劳动报酬提高和劳动生产率提高同步"[1]。为此固然要在部门法层面采取行宪措施，特别是完善工资基准法，保障工资支付、提高最低工资、支持集体协商，但是宪法监督措施也不容忽视。作为宪法实施的监督机关，全国人大及其常委会可以考虑责成国务院按年度披露"两个同步"的落实情况，并且在每届政府卸任前的最后一次《政府工作报告》中作出总结；全国人大代表和常委会委员有权依法就国务院的上述工作提出质询。由此引出**宪法按劳分配规范的命令之十四：为了促进共享，劳动报酬提高应当与劳动生产率提高同步。**

(三) 数据劳动参与分配的前景

如何通过按劳分配来同时促进共享和创新？这是当前探索还很有限的问题，不妨对各种方案都秉持开放态度。有潜力的方案之一是：允许网络用户作为数据劳动者参与数据企业收入的按劳分配。这种分配一方面能够惠及广大人群，有利于共享发展，从而区别于仅有利于少数科技人员的按知识技术分配；另一方面能够激励人们更多生产高价值数据，为机器学习提供更优质的素材，从而更好地训练人工智能，使得数据企业能够运用人工智能完成创新[2]。方案尽管还很初步，但是确实提供了兼顾共享和创新的

---

[1] 中共中央文献研究室编：《习近平关于社会主义社会建设论述摘编》，中央文献出版社2017年版，第37页。

[2] 方案的基本内容来自埃里克·A. 波斯纳、E. 格伦·韦尔：《激进市场：战胜不平等与经济停滞的经济模式》，胡雨青译，机械工业出版社2019年版。

可能，值得细加端详。

首先，公民的网络生存构成劳动，由此生成的数据是具有价值的劳动成果。日常的网络沟通、检索等活动虽然不以获取报酬为目的，但是与工作一样需要付出体力智力，并且"无心插柳"地生成了大量数据，所以应当纳入劳动范畴。如今，"用户数据是科技巨头的核心资产"[1]，数据企业利用数据训练人工智能，再以人工智能开发新的产品和服务，这是其营利的主要手段。可见，数据不仅是一种劳动成果，而且具有越来越高的商业价值。问题的焦点转移到价值分配上。

其次，由于买方垄断等原因，数据劳动的收益并未实现公平分配。目前，网络用户与数据企业之间的交换关系是以数据换服务，这种交换看似公平，实则并不等价，企业一方明显占优。"例如，脸书每年只向员工（程序员）支付其价值的1%，因为有我们为它免费做了其余的工作！相比之下，沃尔玛的工资占其价值的40%。"[2] 企业一方的优势源于其买方垄断的地位：绝大部分高质量数据集中在个别超大型数据企业手中，这种垄断减损了作为卖方的网络用户的议价能力。数字劳动的分配地位遭到压制，其收益远未实现按劳分配。

再次，为了实现数字劳动收益的按劳分配，应当采取国家规制或集体自治的手段。劳动法与反垄断法的关联在此显现出来：或者运用反垄断法，限制乃至取缔超大型数据企业的买方垄断；或者运用劳动法，鼓励和支持网络用户结成工会，与这些企业展

---

[1] 埃里克·A. 波斯纳、E. 格伦·韦尔：《激进市场：战胜不平等与经济停滞的经济模式》，胡雨青译，机械工业出版社2019年版，第168页。

[2] 同上书，第164页。

开集体谈判。两种手段的目的都是实现劳资双方议价能力的均等,使得劳动力市场可以正常发挥作用,防止价格信号被垄断所扭曲。

最后,上述方案如果落实,有望促进创新与共享的双赢,但也并非无懈可击。据预测,"在最初几年里,通常用户会得到几百或者几千美元来补充他们的收入"[1],不仅收入金额较为可观,而且汇集广大网民,有利于共同富裕。在回报的激励下,网络用户会生产更多更好的数据,这又会成为企业创新和财富涌流的新源泉,有利于创新发展。当然,方案所提供的回报也会造成新的分配不公,特别是在网络上不活跃乃至与网络绝缘的群体将得不到什么报偿。这些问题有待在实践中逐步寻求答案。由此引出**宪法按劳分配规范的命令之十五:为了促进共享,应当允许公民作为数据劳动者参与数据企业收入的按劳分配。**

经过近四十年的发展,宪法按劳分配规范已经成长为 15 条宪法命令的集合。将这些命令整合为 5 个方面,就是按劳分配的当代意涵:

第一,关于按劳分配规范的解释立场:对按劳分配的理解应当与时俱进,不应当拘泥于经典作家的论述(命令一)。

第二,关于按劳分配与基本经济制度:公有制经济中可以存在按劳分配以外的分配方式(命令六),非公有制经济中可以存在按劳分配(命令七)。企业等的收入应当首先进行按劳分配,之后

---

[1] 埃里克·A. 波斯纳、E. 格伦·韦尔:《激进市场:战胜不平等与经济停滞的经济模式》,胡雨青译,机械工业出版社 2019 年版,第 193 页。

如有利润才可以用按劳分配以外的方式分配（命令八）。按劳分配的主体地位没有独立的实质规范意义（命令九）。

第三，关于按劳分配与效率：效率应当成为按劳分配的重要目标（命令二）。为了提高效率，应当以劳动的产出而非投入、以市场价格作为度量"劳"的标准（命令三、四），应当采取物质鼓励、管理改革和利益兼顾的措施（命令五）。

第四，关于按劳分配与创新：创新发展应当成为按劳分配的重要目标（命令十）。为了促进创新，应当允许就同一劳动同时参与按劳分配和按知识技术要素分配（命令十一），应当对于国有资产的保值增值采取适度灵活态度（命令十二）。

第五，关于按劳分配与共享：共享发展应当成为按劳分配的重要目标（命令十三）。为了促进共享，劳动报酬提高应当与劳动生产率提高同步（命令十四），应当允许公民作为数据劳动者参与数据企业收入的按劳分配（命令十五）。

如果向中国宪法提问："按劳分配"对你而言意味着什么？以上各点就是宪法的回答。回顾答案的生长过程，至少有3条经验值得汲取：其一，宪法按劳分配规范不是一成不变的教条，而是与经济体制改革同行，"动"多于"静"。这意味着演进解释应当优先于原旨解释。其二，宪法按劳分配规范不是脱离实际的概念[1]，而是源于改革、指导改革，"实"甚于"虚"。这意味着行宪实践应当成为释宪的重要材料。其三，宪法按劳分配规范不是缺乏目标的盲动，而是被效率、创新和共享三大目标所牵引和塑造，"用"重于"体"。这意味着释宪时需要通过体系解释来发现目

---

[1] 参见李响：《"按劳分配"在中国：一个宪法概念的浮沉史》，载《中外法学》2019年第5期。

标—手段关系。一言蔽之，宪法按劳分配规范乃至整部现行宪法，都是中国伟大经济改革的承载者、记录者和领航者，唯有在改革中方能获得理解。宪法解释的立场、方法、材料，都要根据"改革宪法观"来撷取、甄别、使用。大而言之，探索按劳分配规范的当代意涵，就是让宪法学真正成为改革之学和解释之学。这是本章的基本结论。

第四章 劳动纪律

我国现行宪法将遵守劳动纪律规定为公民的一项基本义务，赋予其与守法义务并列的崇高地位，这在比较法上颇为罕见。[1] 遵守劳动纪律义务涉及国家、企业[2]和劳动者三方主体，与《宪法》上关于经济体制改革（第14条）、企业自主经营（第16条、第17条）、公民纪律教育（第24条）以及劳动权益和劳动态度（第42条）等规定关系密切，其落实状况影响到政治的巩固、经

---

[1] 根据截至2011年年底的资料，仅中国、朝鲜、坦桑尼亚和古巴四国宪法规定了公民遵守劳动纪律的义务。孙谦、韩大元主编：《公民权利与义务：世界各国宪法的规定》，中国检察出版社2013年版，第3、5、265、402页。这些国家都有深厚的社会主义传统，参见门晓红：《坦桑尼亚社会主义的历史与现状》，载《科学社会主义》2009年第5期。
[2] 除了企业以外，国家机关工作人员和事业单位工作人员的纪律事务，虽然在语义上也属于"劳动纪律"，但是在实践中被视作不同于劳动工作的专门领域，通常称为"奖惩工作"。现行宪法出台时，奖惩工作的主要依据是1957年颁布的《国务院关于国家行政机关工作人员的奖惩暂行规定》。该《规定》起首即宣示其宪法依据为"五四宪法"第18条，并非关于劳动纪律的第100条，可见劳动纪律与奖惩工作具有不同的宪法基础。参见劳动人事部干部局编：《奖惩工作问题解答》，中国劳动人事报社内部发行，1987年，第1—3页。

济的发展和民生的改善等一系列重要宪法目标，可谓牵一发而动全身，是宪法秩序中不可或缺的结点。剖析公民遵守劳动纪律义务的宪法意涵，不仅有助于理解宪法文本的内在逻辑，而且能够为落实宪法规范提供指引。

迄今为止，我国学界对于遵守劳动纪律义务的专门研究还不多见。[1] 近年的讨论较多集中在应然层面，主要观点是质疑现行宪法规定这一义务的合理性。[2] 质疑的理由包括：遵守劳动纪律的要求并不适用于全体公民[3]；该义务具有道德而非法律性质[4]，或者可以被守法义务吸收[5]；该义务忽视了企业任意制定纪律损害劳动者权益的风险[6]；甚至根本否定宪法规定公民义务的正当性[7]，等等。这些质疑具有重要的学术价值，但是偏重应然层面而忽视实然层面，较少触及"遵守劳动纪律义务是什么"的根本追问，也就难以开掘这一义务的宪法意涵，未免有"失焦"

---

[1] 在中国期刊网上无法检索到标题包含"劳动纪律"的宪法学论文。
[2] 支持宪法规定遵守劳动纪律义务的观点，参见丁轶：《国家认同的宪法构建：实现机制与实施路径》，载《交大法学》2020年第3期。
[3] 例如，马岭：《对宪法〈公民的基本权利和义务〉一章的修改建议》，载《国家行政学院学报》2003年第5期。
[4] 例如，陆幸福：《公私领域分离与我国宪法再修改》，载《人大法律评论》2015年卷第1辑。
[5] 例如，王锴：《部门宪法研究》，光明日报出版社2014年版，第229页。
[6] 例如，蔡定剑：《宪法精解》（第2版），法律出版社2006年版，第288页；黄国桥：《略论我国现行〈宪法〉中过时的条款》，载《太平洋学报》2009年第1期。
[7] 例如王世涛：《宪法不应该规定公民的基本义务吗？——与张千帆教授商榷》，载《时代法学》2006年第5期。

之憾。[1]

本章尝试填补上述缺憾，运用现行宪法制定和实施中所形成的各种材料，建构关于遵守劳动纪律义务的历史叙事，揭示该义务发展演进的内在逻辑，阐发其规范意义。初步的结论是：遵守劳动纪律义务的内涵包括三个要素，即服从对象、行为要求和预期效果；其发展演进的动力是国家、企业与个人三者利益关系的变迁。在原初意义上，宪法预设了上述三者利益的一致性，遵守劳动纪律主要是指劳动者要"接受国家教育以提高觉悟"，从而同时实现巩固政治、发展经济和改善民生的目标。"八二宪法"颁布后，国家、企业与个人三者的利益发生分化，遵守劳动纪律的内涵重点转向要求劳动者"接受企业惩罚以加强服从"，淡化政治目标而突出经济目标，引发经济目标与民生目标之间的张力。21世纪以来，国家努力实现三者利益的再平衡，一方面以"敬业"价值为核心重塑国家的纪律教育，另一方面为劳动者的服从设定法律限制，促进了政治目标的复归和经济与民生目标的协调。正文将分三节阐发上述三个历史阶段；结语部分将总结宪法遵守劳动纪律义务的当下意涵，并展望其未来发展。

第一节 遵守劳动纪律义务的原初含义

遵守劳动纪律义务规定于《宪法》第53条："中华人民共和

---

[1] 相比之下，近年来对于同样规定在《宪法》第53条的守法义务和爱护公共财产义务的研究，则较多从规范含义层面入手。汪雄：《宪法第五十三条中守法义务的证成》，载《北京行政学院学报》2019年第4期；杨喆翔、肖泽晟：《爱护公共财产义务的宪法意蕴》，载《浙江学刊》2020年第4期。

国公民必须遵守宪法和法律,保守国家秘密,爱护公共财产,遵守劳动纪律,遵守公共秩序,尊重社会公德。"为了解读遵守劳动纪律义务于1982年入宪时的原初含义,本章将综合运用三类材料:第一类是宪法文本。除了第53条以外,与劳动纪律密切相关的其他条文也将用作旁证。第二类是制宪资料。既包括全文公布的《中华人民共和国宪法修改草案》[1],又包括彭真代表宪法修改委员会向全国人大常委会所做的说明[2]、向全国人大所做的报告(以下简称"彭真报告")[3],还包括张友渔、许崇德、肖蔚云等参与制宪者的记录和论述[4]。第三类是作为制宪背景的、新中国先前历部宪法中遵守劳动纪律义务的规定和实施情况。遵守劳动纪律是新中国宪法的常备内容,在"八二宪法"之前,《共同纲领》第8条、"五四宪法"第100条和"七八宪法"第57条均将其规定为公民基本义务,仅有"七五宪法"例外。"八二宪法"是以"五四宪法"为基础制定的[5],而"这个[五四]宪法以1949

---

[1] 《中华人民共和国宪法修改草案》,载《人民日报》1982年4月28日第1版。

[2] 彭真:《关于中华人民共和国宪法修改草案的说明——一九八二年四月二十二日在第五届全国人民代表大会常务委员会第二十三次会议上》,载《人民日报》1982年4月29日第1版。

[3] 彭真:《关于中华人民共和国宪法修改草案的报告——一九八二年十一月二十六日在第五届全国人民代表大会第五次会议上》,载《人民日报》1982年12月6日第1版。

[4] 根据时任宪法修改委员会秘书处副秘书长的王汉斌的回忆,张友渔时任副秘书长,"王叔文、肖蔚云、许崇德等宪法学专家参加修宪工作"。王汉斌:《王汉斌访谈录——亲历新时期社会主义民主法制建设》,中国民主法制出版社2012年版,第52—53页。

[5] 同上书,第64—65页。

年的中国人民政治协商会议共同纲领为基础，又是共同纲领的发展"[1]；"八二宪法"关于公民义务的规定还是对于"七八宪法"相应内容的补充和修改。[2] 因此，"共同纲领"、"五四宪法"和"七八宪法"的相关宪法实践，都可以有选择地用来阐发现行宪法上遵守劳动纪律义务的原初含义。尤为重要的是，1954年由政务院颁行的《国营企业内部劳动规则纲要》（以下简称《纲要》）起首即宣示以《共同纲领》第8条为依据，1982年制宪前数月由国务院颁行的《企业职工奖惩条例》（以下简称《条例》）第1条也宣示其系根据"七八宪法"制定，这两部行政法规因而分别构成"共同纲领"和"七八宪法"的"实施法"，是理解相关宪法中的遵守劳动纪律义务的重要依据。

通过文本、体系和历史的考察可知，"八二宪法"证立遵守劳动义务的逻辑起点是国家、企业和劳动者三方利益的一致性。在此基础上，宪法将国家置于劳动纪律相关权力的重心，要求劳动者接受国家的纪律教育，达到提高自身觉悟、增强主人翁意识的效果。觉悟提高了的劳动者能够巩固人民民主专政的政治基础，调动起高度的生产积极性，改善劳动者的个人生活，从而服务于政治、经济和民生的一系列宪法目标。这是宪法赋予遵守劳动纪律义务以崇高地位的原因所在。

一、前提：国家、企业和劳动者的利益一致

根据制宪时的原意，遵守劳动纪律义务对于公民的要求主要

---

[1] "五四宪法"序言第3段。
[2] 许崇德：《中华人民共和国宪法史》（下卷），福建人民出版社2005年版，第380、391页。

是思想的提升，行为的强制则居于次要地位。彭真报告指出："宪法规定的公民义务，具有法律强制的性质，但更重要的是要求公民提高自己作为主人翁对国家、社会和其他公民的责任感，自觉地履行自己的各项义务……"[1] 换言之，在宪法看来，遵守劳动纪律是公民履行"对国家、社会和其他公民的责任"。那么，这种责任从何而来？这个问题是证立遵守劳动纪律义务的关键。

在马克思主义的理论框架内，为了回答这个问题，必须区分新旧社会的劳动纪律。根据列宁的观点，农奴制社会的劳动纪律是靠棍棒来维持的，资本主义社会的劳动纪律是靠饥饿来维持的[2]，它们共同的特点在于：国家和生产资料所有者的利益与劳动者的利益是对立的，劳动纪律是维护国家和生产资料所有者的利益的工具，对劳动者不利，所以劳动者是出于受迫心理而遵守劳动纪律的，没有任何责任感可言。相反，新社会的劳动纪律的"基础就是国家利益与职工个人利益的一致性"[3]，遵守劳动纪律不仅有利于国家，而且国家在壮大之后就有力量防止对劳动者的压迫死灰复燃，从而维护劳动者当家作主的地位，这是劳动者的

---

[1] 彭真：《关于中华人民共和国宪法修改草案的报告——一九八二年十一月二十六日在第五届全国人民代表大会第五次会议上》，载《人民日报》1982年12月6日第1版。

[2] 列宁：《伟大的创举（1919年6月）》，载《列宁全集》第29卷，人民出版社1956年版，第381—382页。

[3] 《中华全国总工会关于巩固劳动纪律的决议》，载《人民日报》1953年8月27日第2版。在关于"五四宪法"草案的报告中，刘少奇重申了这种一致性是公民义务的基础。报告指出："因为我们的国家是人民的国家，国家和人民的利益完全一致，人民就自然要把对国家的义务看做自己应尽的天职。"刘少奇：《关于中华人民共和国宪法草案的报告》，载《人民日报》1954年9月16日第1版。

第四章 劳动纪律

根本利益所在。正像列宁所指出的,"劳动纪律……就是使劳动人民永远摆脱地主资本家的压迫的东西"[1]。劳动者既然享受了当家作主的权利,就有责任通过遵守劳动纪律的方式来维护当家做主的地位,否则权利必定不可持久,这是权利义务不可分割的法理,也为制宪者所认同。彭真报告就指出:"大家都遵守和履行公民的这些基本义务,才能保障大家都享受宪法规定的公民权利。"[2] 上述论证建立起下图的逻辑闭环,从而论证了遵守劳动纪律义务的来源。新中国首部劳动法学统编教材于"八二宪法"颁布当月截稿,代表了制宪时对于遵守劳动纪律义务的主流看法;而这个逻辑闭环在其中获得了呈现[3],可以推测制宪者也予以了采纳。

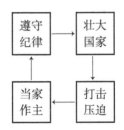

---

[1] 列宁:《留声机片录音演说(1919年3月)》,载《列宁全集》(第29卷),人民出版社1956年版,第220页。关于列宁劳动纪律思想,参见龚廷泰、谢冬慧:《列宁的劳动法思想体系述论》,载《江苏社会科学》2012年第2期;李福田:《学习列宁关于劳动纪律的论述》,载北京市劳动学会秘书处编印:《社会主义宪法与劳动工资制度改革》,1984年,第211页起。

[2] 彭真:《关于中华人民共和国宪法修改草案的报告——一九八二年十一月二十六日在第五届全国人民代表大会第五次会议上》,载《人民日报》1982年12月6日第1版。

[3] 关怀主编:《劳动法学》,群众出版社1983年版,第100—101页。根据卷首说明,该书是在"八二宪法"出台的1982年12月定稿的。

国家与劳动者个人利益的一致性不仅是遵守劳动纪律义务的论证依据，而且是宪法关于劳动态度的要求的逻辑前提。前提的分享使得《宪法》第 53 条与第 42 条第 3 款之间产生了联系：其一，由于遵守劳动纪律体现了超越个人狭隘利益的先进觉悟，所以守纪为劳动增添了光荣，使得劳动成为"一切有劳动能力的公民的光荣职责"（第 42 条第 3 款第 1 句）。其二，由于遵守劳动纪律体现了个人利益与国家利益相统一的主人翁意识，所以是"以国家主人翁的态度对待自己的劳动"（第 42 条第 3 款第 2 句）的应有之义。其三，由于遵守劳动纪律是光荣和先进的表现，所以应当在"奖励劳动模范和先进工作者"（第 42 条第 3 款第 3 句）时纳入考量。[1] 根据彭真报告和参与制宪者的记录，宪法关于劳动纪律和劳动态度的规定共同服务于精神文明建设[2]，所以上述联系不仅在逻辑上成立，而且是制宪者有意设计的结果。

"八二宪法"颁布时，国家仍然处于高度集中的政治经济体制之下，公有制经济占据绝对优势。公有制企业在总体上不被承认为独立的利益主体，而是被视作政府加长的手臂，是国家在管理

---

[1] 1979 年至 1984 年间实施的《森林法（试行）》确实曾将遵守劳动纪律列为奖励对象。第 36 条规定："有下列先进事迹之一的个人，按照贡献大小，由国家或者各级革命委员会，给予精神鼓励或者物质奖励：……（三）坚守生产岗位，遵守劳动纪律，完成林业生产任务成绩优异的……"

[2] 肖蔚云：《论宪法》，北京大学出版社 2004 年版，第 63 页；彭真：《关于中华人民共和国宪法修改草案的报告——一九八二年十一月二十六日在第五届全国人民代表大会第五次会议上》，载《人民日报》1982 年 12 月 6 日第 1 版。关于宪法上精神文明建设规定的研究，参见秦小建：《精神文明的宪法叙事：规范内涵与宪制结构》，载《中国法学》2018 年第 4 期。

劳动者时的执行者或代理人。国家与劳动者利益一致性的观点，也随之延展为国家、企业与劳动者利益的一致性，成为"八二宪法"证立遵守劳动纪律义务的逻辑起点，让这个义务在宪法上站稳了脚跟。在新中国成立之初，国家以这个逻辑为依据，执行"共同纲领"和"五四宪法"，制定取代旧纪律的新纪律[1]，把刚刚从封建把头制下解放出来的劳动者重新管理起来；在十年动荡之后，国家又根据同样的逻辑执行"七八宪法"和"八二宪法"，着手整顿劳动纪律松弛的局面。规范基础已然牢固，下一步就是展开遵守劳动纪律义务的规范内涵了。

二、内容：接受国家教育以提高觉悟

提高觉悟只是遵守劳动纪律义务的预期效果，而义务的内容并不止于此。劳动者要根据谁的指示，如何行动，才能够达到预期效果？不回答这个问题，劳动者就会无所适从，义务的履行就无从谈起。这就需要确定遵守劳动纪律义务的另外两个要素——服从对象和行为要求。制宪的历史和先前历部宪法的实践表明，较之惩罚手段，现行宪法更多倚赖教育手段达到目的，劳动者的行为义务主要是接受教育，其次才是接受惩罚；"八二宪法"在劳动纪律的相关权力配置上明显向国家倾斜，劳动者主要服从国家，其次才服从企业。

---

[1]《国营企业内部劳动规则纲要》，载《人民日报》1954年7月14日第2版。新中国由中央政府制定的劳动纪律至少可以追溯到1950年。参见铁道部《铁路职工奖惩暂行条例草案》（1950年6月19日公布试行）、《铁路职工考勤试行办法》（1950年9月11日），均载东北人民大学民法教研室编：《中华人民共和国劳动法参考资料（第二辑）》，东北人民大学研究部教材出版科1954年版。

（一）以教育为中心的执行手段

提高觉悟主要依靠教育而非惩罚手段来实现，是"八二宪法"中规定的遵守劳动纪律义务的一个特征。"八二宪法"出台之前，历部宪法的实践勾勒出关于教育手段的主体、内容、形式及惩教关系的完整图景。

首先，国家、企业行政、工会和劳动者自身，都是教育劳动者遵守劳动纪律的主体。1950年《工会法》将"教育并组织工人、职员群众，树立新的劳动态度，遵守劳动纪律"（第9条）列为工会的职责之一，赋予工会以纪律教育权。1953年中共中央批准中华全国总工会《关于巩固劳动纪律的决议》时，肯定了企业行政的纪律教育权，但是要求领导干部首先进行自我批评，"切忌采取领导干部站在职工之上来整职工的错误方法"。[1] 1954年出台的《纲要》规定，必要时可以召集劳动者开会，对受处分者"开展群众性的批评"（第19条），实行自我教育。到了"八二宪法"制定时，制定者特别写入第24条第1款，规定由国家"普及纪律和法制教育"，明确了国家作为劳动纪律教育者的地位。参与制宪者指出，纪律和法制教育是确保公民遵守劳动纪律的"具体措施"，且是"八二宪法"相对于先前宪法的创见。[2] 这一规定是"八二宪法"草案公布后增写的，反映出制宪者对于教育手段的重视。[3]

---

[1]《中共中央批准中华全国总工会〈关于巩固劳动纪律的决议〉及对此问题的指示》，载中央文献研究室：《建国以来重要文献选编（第4册）》，中央文献出版社1993年版。

[2] 张友渔：《新宪法与劳动工作》，载北京市劳动学会秘书处编印：《社会主义宪法与劳动工资制度改革》，1984年，第21页。

[3] "八二宪法"第24条对应《宪法修改草案》第22条。参见肖蔚云：《论宪法》，北京大学出版社2004年版，第209页。

其次,劳动纪律教育的内容,既包括纪律本身,又包括对待纪律的正确态度,也就是要帮助劳动者在理解国家、企业和个人利益一致性的基础上,认识到制定、执行和遵守劳动纪律在政治、经济和民生方面的重要意义。

再次,劳动纪律教育的形式,除了组织学习以外,还特别注重展开批评和自我批评。此外,根据中华全国总工会的观点,"巩固劳动纪律的教育,主要应通过组织劳动竞赛来进行"。[1] 劳动竞赛不仅是劳动者之间生产率的比拼,而且是觉悟的较量:只有充分认识到社会主义劳动既是为了个人、更是为了国家的全新性质,才能够调动起巨大的劳动热情,激发出超越资本主义制度下的积极性和创造性,自觉地在劳动竞赛中争先求胜,成为劳动英雄和楷模。[2] 正因为劳动纪律教育与劳动竞赛都服务于提高觉悟、塑造主人翁的目的,它们之间产生了密切的联系。这种联系在宪法上表现为:开展劳动竞赛(第42条)是促进劳动纪律落实(第53条)的有效手段,积极参加劳动竞赛是履行遵守劳动纪律义务的题中之义。

最后,执行劳动纪律要以教育为主要手段,惩罚只起辅助作用,要防止为了惩罚而惩罚的所谓"惩办主义"。[3] 惩罚以处分为主要形式,一贯被视为一种教育手段。《纲要》规定:"处分职

---

[1] 《中华全国总工会关于巩固劳动纪律的决议》,载《人民日报》1953年8月27日第2版。

[2] 参见斯大林:《在第一次全苏联斯达汉诺夫工作者会议上的演说(1935年11月)》,载斯大林:《列宁主义问题》,人民出版社1953年版,第640—654页。

[3] 《中华全国总工会关于巩固劳动纪律的决议》,载《人民日报》1953年8月27日第2版。

工的目的是教育全体职工,并教育受处分者本人"(第19条);《条例》也规定:"对违反纪律的职工,要坚持以思想教育为主、惩罚为辅的原则"(第3条)。具体的做法是:对于受到处分的劳动者,不能一罚了之,而是要通过教育使其获得转变。[1] 国家还预设了转变所需的大致时间:《纲要》规定,受到开除以外处分满一年的职工,只要在一年内没有新的违纪行为,就可以撤销处分(第20条);《条例》则根据处分的类型设定了半年、一年等多种期限,期满后在评奖、提级等方面应当将受处分职工与其他职工同样对待(第23条)。

国家为什么要坚持以教育而非惩罚为执行劳动纪律的主要手段?基本原因在于,教育手段更加契合提高觉悟的目的。宪法既然要求提高觉悟,就意味着将违纪的主要原因归结为认识水平低,属于思想问题;提高觉悟预设了国家与个人利益的一致性,这意味着违纪所反映的自由与纪律的矛盾是人民内部矛盾,属于是非问题。针对思想问题和是非问题,毛泽东在《关于正确处理人民内部矛盾的问题》中指出,"企图用行政命令的方法,用强制的方法解决思想问题,是非问题,不但没有效力,而且是有害的";"凡属于思想性质的问题,凡属于人民内部的争论问题,只能用民主的方法去解决,只能用讨论的方法、批评的方法、说服教育的方法去解决,而不能用强制的、压服的方法去解决"。[2] 这些观点

---

[1]《条例》公布当日,中华全国总工会机关报《工人日报》就《条例》公布一事发表社论,特别强调要"把后进职工特别是犯有严重错误甚至某些罪行的人转变过来"。本报评论员:《建设"两个文明"的重要保证》,载《工人日报》1982年5月3日第3版。

[2] 毛泽东:《关于正确处理人民内部矛盾的问题》,载《中华人民共和国国务院公报》1957年第26期。

早在共同纲领出台前数月发表的《论人民民主专政》[1]一文中即有所表述，也是国家将教育确定为执行纪律的主要手段的指导思想。毛泽东还更加具体地要求，解决人民内部矛盾要遵循"团结—批评—团结"公式，反映在劳动纪律执行工作上，就是先教育、再处分、后转化的做法。

(二) 以国家为重心的权力配置

既然提高觉悟主要靠教育，物色教师就成为当务之急。教育者的地位主要体现在劳动纪律的制定、执行和监督权上。"八二宪法"将权力配置的重心放在国家上，以国家为主要教育者，企业处于次要地位。这一地位虽然没有写入宪法文本，但是有"八二宪法"制定前的长期宪法实践作为支撑，其最突出的表现是两部"宪法实施法"——实施共同纲领的《纲要》和实施"七八宪法"的《条例》。

就劳动纪律的制定权而言，《纲要》和《条例》都从三个方面挤压企业权限，突出国家的主导地位：第一，内容多，留给企业的补缺空间小。《纲要》和《条例》均设专章详细规定了处分的类型、适用程序，以及撤销、救济等内容；《条例》还完善了关于处分适用情形等方面的规定，其详备程度接近《行政处罚法》，基本没有留下可供企业自主填补的制度真空。第二，效力高，允许企业变通的余地小。《纲要》由政务院颁布，具有与行政法规相当的法律效力，而《条例》更是直接采取了行政法规的形式，且均未

---

[1] 毛泽东：《论人民民主专政》，载《毛泽东选集》第4卷，人民出版社1991年版。

授权企业做出变通。[1] 第三，程序严，对于企业自定纪律的审批复杂。根据政务院颁布《纲要》的决定，各企业制定落实《纲要》的具体纪律规则时，需要双重审批："经当地劳动行政机关审核后，报送直属上级管理单位批准实行。"[2]

就劳动纪律的执行权而言，《纲要》和《条例》虽然都将执行纪律的职责交给企业，但是严格限制企业在执行中的裁量权限。一方面，《纲要》和《条例》基本采用命令而非许可的行文方式，很少授权企业就如何执行纪律进行裁量。另一方面，《纲要》和《条例》本身的措辞也较为明确，缺少可供灵活解释的兜底条款，留给企业的解释空间不大。

就劳动纪律的监督权而言，国家对于企业执行纪律进行广泛的行政和司法监督。早在1950年，政务院就批准公布施行了《劳动争议解决程序的规定》，将劳动纪律争议纳入调整范围，规定劳动行政机关有审批和解协议、调解劳动争议、主导劳动仲裁、传讯争议人员、将争议转送法院处理等广泛的权力，还规定了企业主管机关代企业协商的权力。[3] 最高人民法院在"五四宪法"出

---

[1] 唯一的例外是，政务院颁布《纲要》的决定允许机关、合作社、公私合营企业及私营企业"根据具体情况参照本纲要的精神"制定本单位的劳动纪律。《中央人民政府政务院关于颁布"国营企业内部劳动规则纲要"的决定》第5条，载《人民日报》1954年7月14日第1版。

[2] 《中央人民政府政务院关于颁布"国营企业内部劳动规则纲要"的决定》第4条，载《人民日报》1954年7月14日第1版。

[3] 《政务院批准公布劳动争议解决程序的规定》，载《人民日报》1950年11月26日第2版。此前的《劳动争议解决程序的暂行规定》也将"关于企业内部工作规则事项"的争议纳入处理范围。《劳动争议解决程序的暂行规定》，载《人民日报》1949年11月26日第4版。

台前数月发布《总结关于处理劳资案件的经验和对今后处理劳资案件的几点意见》，运用司法政策强力干预劳动纪律，纠正审理劳动纪律争议时"'左'和右的偏差"。[1]《条例》第27条则规定，"各级劳动部门有权对执行本条例的情况进行监督检查"。

国家为什么要牢固把握劳动纪律的主导权？合理的推测是，将权力主要配置给国家，较有利于实现提高劳动者觉悟的目的。其一，觉悟的内容是一致的，提高觉悟就要统一思想，因此特别需要防止企业在制定和执行劳动纪律时掺入与觉悟不相符合的成分。其二，在国家看来，企业行政和企业内的工会组织，本身均存在思想认识的不足，由其制定和执行劳动纪律是不够可靠的。这种担忧既体现在《纲要》专门规定企业行政的职责，也体现在孕育《条例》的企业整顿工作将重心放在整顿企业行政上。[2] 其三，从国家、企业与个人利益的一致性出发，国家有能力、也有权力在制定和执行劳动纪律时代表企业，不存在剥夺企业自主权的问题。在现行宪法出台前数十年间，国家主导劳动纪律相关权力的做法对于统一思想、提高觉悟、塑造主人翁意识起到了重要作用。这一做法也成为高度集中的政治经济体制的一部分，带有浓重的时代印记。

三、目标：政治、经济和民生的统合

回到1982年的历史现场，现行宪法需要调整的公共事务可谓千头万绪，制宪者为何会选择将劳动纪律写入条文，并且将"遵

---

[1]《最高人民法院总结关于处理劳资案件的经验和对今后处理劳资案件的几点意见》（法行字第4637号）。

[2] 袁宝华：《我所经历的企业整顿与改革》，载《百年潮》2018年第4期。

纪"抬升到与"守法"同等的高度？通过回顾现行宪法的制定历史可知，遵守劳动纪律义务的崇高地位，来自其服务于宪法政治、经济和民生目标的重要作用。

首先，遵守劳动纪律有助于巩固社会主义政治制度。只有当劳动者都通过遵守劳动纪律而获得主人翁意识时，宪法所设想的人民民主制度才能够在观念上得到支撑。正如彭真报告所指出的，宪法要求公民遵守劳动纪律的直接目的在于"建立同社会主义政治制度相适应的权利义务观念和组织纪律观念"。[1] 纪律是集中制的体现，又支撑了民主，这反映出民主与集中的统一，"七八宪法"正是从巩固民主集中制的角度论述遵守劳动纪律义务的必要性的。[2]

其次，政治的巩固有助于经济的发展。劳动纪律对于社会化大生产的开展是不可或缺的。与传统的小生产相比，社会化大生产对于劳动者的服从和协作提出了高得多的要求，而这都需要严格的劳动纪律加以保障。马克思曾经比喻道："提琴独奏者可以独展所长，一个乐队却不能不有乐队长。"[3] 在现行宪法制定者看来，只要能够实现遵守劳动纪律的政治目的，使得劳动者意识到自己的劳动不仅是为了个人的生计，而且有利于社会主义国家，就能够激发出劳动者的积极性和创造性，从而促进生产的发展。

---

[1] 彭真：《关于中华人民共和国宪法修改草案的报告——一九八二年十一月二十六日在第五届全国人民代表大会第五次会议上》，载《人民日报》1982年12月6日第1版。

[2] 叶剑英：《关于修改宪法的报告——一九七八年三月一日在中华人民共和国第五届全国人民代表大会第一次会议上的报告》，载《人民日报》1978年3月8日第1版。

[3] 马克思：《资本论》（第一卷），人民出版社1953年版，第396页。

《中华人民共和国宪法草案》曾经规定,"提高劳动者的思想觉悟"是"发展社会生产力"的手段(第 16 条)[1],就体现了政治目标对于经济目标的促进作用。虽然该规定未被宪法正式文本所采纳,但是"八二宪法"出台前数月颁布的《条例》也暗示了"国家主人翁责任感"具有"鼓励其积极性和创造性"的作用(第 1 条),有理由认为"八二宪法"至少并未否定遵守劳动纪律义务的经济目的和"以政治促经济"的逻辑。

最后,政治和经济目的的实现有利于民生的改善。"八二宪法"两次要求,"在发展生产的基础上"改善民生(第 14 条第 3 款)、提高劳动报酬和福利待遇(第 42 条第 2 款)。通过落实遵守劳动纪律的义务,经济得到发展,"蛋糕"得以做大;政治得到巩固,"分蛋糕"的规则必然符合劳动者的利益;政治和经济的条件结合起来,劳动者就能分到更大块的"蛋糕",民生就能够获得改善——这是"八二宪法"所隐含的逻辑。

总之,遵守劳动纪律意味着劳动者要接受国家教育以促进觉悟的提高,而觉悟的提高能够巩固人民民主,进而激发生产潜力,最终有利于民生。这就是"八二宪法"上遵守劳动纪律义务规范的原初含义。

第二节 遵守劳动纪律义务的早期嬗变

本节讨论遵守劳动纪律义务在"八二宪法"出台后直至 20 世纪末的变迁。变迁的主要标志是 1995 年生效的《劳动法》。这部

---

[1]《中华人民共和国宪法修改草案》,载《人民日报》1982 年 4 月 28 日第 1 版。

法律第 1 条即宣示以宪法为制定依据，它与《纲要》和《条例》一样属于宪法的"实施法"，代表了立法机关对于"八二宪法"的理解。《劳动法》以服从管理代替提高觉悟，作为遵守劳动纪律所要实现的主要预期效果；以惩罚代替教育，作为实现预期效果的主要手段；将劳动纪律的制定和执行权基本归入企业的自主经营权。因此，《劳动法》的制定情况是解读遵守劳动纪律义务早期嬗变的主要资料。遵守劳动纪律义务意涵的变迁并非全无宪法依据，可以视作"八二宪法"内在张力的产物。它不仅淡化了劳动纪律与政治的联系，而且引发了经济与民生效果之间的紧张关系，为 21 世纪以后遵守劳动纪律义务的进一步演化埋下了伏笔。

一、前提：国家、企业和劳动者的利益分化

"八二宪法"在规定遵守劳动纪律义务时，预设了国家、企业和劳动者三方利益的一致性。然而，在根本利益一致的基础上，宪法又要求"兼顾国家、集体和个人的利益"（第 14 条第 3 款），间接地承认了三方具体利益的不一致性。[1]"八二宪法"出台之后，具体利益的不一致性得到强调，成长为遵守劳动纪律义务的新前提；而根本利益的一致性则相对淡化，建立在这一前提基础上的、对于遵守劳动纪律义务的原初理解也随之不断褪色。

承认和强调具体利益的差异是经济改革和发展的要求。"宪法"第 14 条第 1 款指出，经济要发展，必须依靠提高劳动者的积极性。国家、企业和劳动者的利益差别是客观存在的，如何对待这种差别才最有利于提高劳动者的积极性？传统的做法是承认但

---

[1] 参见肖蔚云：《我国的社会主义经济制度》，群众出版社 1987 年版，第 67—68 页。

超越利益差异,强调三方利益在根本上的一致性,认为劳动者只要悟到这一层就会获得工作的动力。提高觉悟要靠教育,教育的形式是批评和表彰(精神鼓励)。所以,"七八宪法"规定要"在无产阶级政治挂帅的前提下,实行精神鼓励和物质鼓励相结合而以精神鼓励为主的方针,鼓励公民在劳动中的社会主义积极性和创造性"(第10条第2款)。这种做法的问题在于超出了我国劳动者觉悟的实际水平。正如邓小平在那篇吹响改革号角的著名讲话中所指出的,"不重视物质利益,对少数先进分子可以,对广大群众不行,一段时间可以,长期不行"。[1] 为此,"八二宪法"删去了"七八宪法"的相关规定。新的做法是承认并正视利益差异,将企业和劳动者都视作独立于国家的利益主体,把企业和劳动者的自身利益与其表现挂钩,用物质得失去激励企业改善经营、劳动者努力工作。我国城市经济改革的许多早期探索,例如劳动者工资与企业经济效益实现联动的"工效挂钩"[2],都是在承认和利用国家、企业与劳动者利益不一致性的基础上做出的。

在具体利益的不一致性获得强调的背景下,建立在根本利益一致性基础上的主人翁觉悟未免显得不合时宜。1988年的《全民所有制工业企业法》仍然要求遵守劳动纪律时要采取"国家主人翁的态度"(第50条);1992年的《工会法》起先也规定了类似

---

[1] 邓小平:《解放思想,实事求是,团结一致向前看(一九七八年十二月十三日)》,载《邓小平文选》(第2卷),人民出版社1988年版,第146、151页。

[2] 参见令狐安、孙桢主编:《中国改革全书(1978—1991)·劳动工资体制改革卷》,大连出版社1992年版,第11—16页。

要求（第8条），但是在2001年修法时删去。[1]除此之外，再没有哪部法律规定提高觉悟是遵守劳动纪律的应有之义。取代觉悟的是服从。彭真报告中置被于次要地位的"法律强制的性质"[2]，转变为遵守劳动纪律义务的主要属性。法律成了纪律的靠山，服从纪律才能服从法律；违纪不仅是觉悟低下的表现，更构成违法甚至违宪。宪法上的守法义务与守纪义务正是在这个意义上合二为一。[3]

二、内容：接受企业惩罚以加强服从

遵守劳动纪律义务的预期效果之变，引发了该义务的另外两个元素的变化。既然提高觉悟的需求下降了，教育的必要性也就有所消退：国家的大规模劳动纪律教育在企业整顿工作于1988年结束[4]之后即告一段落；工会虽然在《工会法》上仍然保有教育者的身份，但是仅在2001年修法前将遵守劳动纪律列入教育内容（第8条），修法后则不再规定；职工代表大会仅在全民所有制工业企业内担当劳动纪律教育者的角色[5]；至于企业行政，虽然法

---

[1]《全民所有制工业企业法》和《工会法》均在第1条宣示根据宪法制定，属于现行宪法的"实施法"，因此可以认为其关于劳动纪律的规定反映了立法机关对于宪法上遵守劳动纪律义务的理解。

[2] 彭真：《关于中华人民共和国宪法修改草案的报告——一九八二年十一月二十六日在第五届全国人民代表大会第五次会议上》，载《人民日报》1982年12月6日第1版。

[3] 王锴：《部门宪法研究》，光明日报出版社2014年版，第229页。

[4] 袁宝华：《我所经历的企业整顿与改革》，载《百年潮》2018年第4期。

[5] 该职责的依据是《全民所有制工业企业法》第50条："职工应当以国家主人翁的态度从事劳动，遵守劳动纪律和规章制度，完成生产和工作任务。"第54条："职工代表大会应当支持厂长依法行使职权，教育职工履行本法规定的义务。"

律有时规定其应当加强职工的职业教育,但从未明确职业教育包含劳动纪律的内容[1]。由于教育不再像从前那样重要,物色一个最佳教育者的紧迫性就有所缓和,国家主导劳动纪律制定和执行的意义相应消解,向企业出让相关权力已是势在必行。遵守劳动纪律义务的原初含义正在隐退,一个建立在国家、企业和劳动者三方利益差异基础上的新意涵逐步登上历史舞台。

(一) 以惩罚为中心的执行手段

惩罚手段的强化在"八二宪法"出台前数月即已开始,主要表现在处分类型的增加,特别是最严厉的处分——企业单方解除劳动关系的适用范围不断扩展。1982年1月2日,中共中央、国务院作出《关于国营工业企业进行全面整顿的决定》,针对当时处分制度落实不力、企业处分权遭到质疑的问题,重申了企业拥有包括开除在内的处分权。[2] 同年出台的《条例》从多个方面加强了《纲要》所建立的处分制度:一是增加了严厉程度与开除处分相当的除名制度(第18条)[3];二是增加了严厉程度仅次于开除的留用察看处分(第12条);三是允许企业在处分时附带给予一次性罚款(第12条);四是不再提被开除职工的留厂劳动[4],改为就地或异地落户安置(第22条)。

"八二宪法"出台后,国务院于1986年颁布《国营企业辞退

---

[1] 例如《公司法》第17条。

[2] 中发〔1982〕2号。

[3] 除名本身不属于处分,虽然其程序和效果等与处分基本相仿。刘贯学主编(劳动部政策法规司组织编写):《劳动法规知识讲话》,中国劳动出版社1992年版,第96页。

[4] 国务院《关于扩大国营工业企业经营管理自主权的若干规定》第8条规定,"开除后,可以留厂劳动,发给生活费"。

违纪职工暂行规定》，新设了严厉程度与开除和除名相当的辞退制度。虽然次年劳动人事部在通知中强调"企业对违纪职工要坚持教育为主，惩罚为辅的原则"[1]，但是惩罚代替教育成为执行纪律的主要手段已成定局。1995年施行的《劳动法》将开除、除名和辞退整合到一起[2]，规定劳动者严重违反劳动纪律的，用人单位可以解除劳动合同（第25条），从而终结劳动关系。

（二）以企业为重心的权力配置

"八二宪法"实施以后，制定和执行劳动纪律的权力逐步被理解为企业的自主经营权的一部分，获得了相应的宪法保护，其范围不断扩展，实现了权力配置重心由国家向企业的转移。转移的进程在各种企业之间并不均衡，以公有制企业的起步最早，进展却最为保守，私营企业起步最晚，外企企业则进展最大。

公有制企业制定和执行劳动纪律的权力获得了《宪法》第16条和第17条的支撑，这两个条文分别赋予国营企业（后改为国有企业）和集体经济组织以自主经营权。主持劳动纪律工作不仅在语义上可以为自主经营权所包容，而且这种包容关系获得了国家的认可，《国务院关于扩大国营工业企业经营管理自主权的若干规定》就包含了违纪开除权的内容。[3]《条例》取消了《纲要》关

---

[1] 劳动人事部、国家经委、公安部、全国总工会《关于贯彻实施〈国营企业辞退违纪职工暂行规定〉有关问题的通知》（劳人劳［1987］5号）。

[2] 袁守启：《中国的劳动法制》，经济日报出版社1994年版，第172页。

[3] 国务院《关于扩大国营工业企业经营管理自主权的若干规定》第8条规定，"企业有权根据职工的表现进行奖惩。对那些严重违反劳动纪律，破坏规章制度，屡教不改，造成重大经济损失的，可给予开除处分"。

于企业自定纪律需要审批的规定，扩大了企业的劳动纪律制定权；在开除的适用情形中增加了"犯有严重错误"这一解释空间颇大的兜底选项，并规定企业"有权"而非必须作出除名处分，扩大了企业在执行劳动纪律时的裁量权。"八二宪法"出台后，1986年的《国营企业辞退违纪职工暂行规定》对于辞退的情形和企业的权限做了与除名类似的规定，次年更规定厂长享有违纪辞退的审批权，无需向政府报批。[1]

私营企业制定和执行劳动纪律的权力获得了《宪法》第11条的支撑，该条在1988年修正后宣示保护私营经济的合法权利和利益。根据修正次年颁布的《私营企业劳动管理暂行规定》，私营企业以违纪为由解除劳动合同的权利被限制在《关于国营企业辞退违纪职工暂行规定》的范围之内（第10条），而在其他纪律事务上无须适用《条例》，因此享有制定和执行劳动纪律的全权。

外资企业制定和执行劳动纪律的权力获得了《宪法》第18条的支撑，该条宣示保护外资经济的合法权利和利益。《中外合资经营企业劳动管理规定》赋予中外合资企业以处分权，而此类企业无须遵守《条例》，从而获得了劳动纪律的几乎全部制定和执行权。[2] 1984年的《中外合资经营企业劳动管理规定实施办法》进一步取消了开除处分须经企业主管部门和劳动部门批准的规定，

---

[1] 劳动人事部《国营企业辞退违纪职工暂行规定》若干问题的解答（劳人劳［1987］31号）第8条。

[2] 国务院《中外合资经营企业劳动管理规定》（国发［1980］199号）第2条。

改为备案制。[1] 1986 年的《关于外商投资企业用人自主权和职工工资、保险福利费用的规定》则将合资企业享有的劳动纪律方面的权利推广到所有外资企业。[2]

到了 1995 年《劳动法》生效时，扩大企业劳动纪律自主权的实践达到了高潮：在劳动纪律制定权方面，所有企业不区分所有制，一律获得了制定"用人单位规章制度"的权利。由于劳动者违反规章制度的法律后果与违反劳动纪律完全相同（第 25 条），规章制度事实上取得了与劳动纪律相当的法律地位，企业因而获得了制定"准劳动纪律"的权利。在劳动纪律执行权方面，"严重违反劳动纪律"构成企业单方解除劳动合同的事由，而所有企业都获得了判断何谓"严重违反"的裁量权。至此，国家在劳动纪律方面的权限被压缩到极致，权力配置的重心转移到了企业一边。

三、目标：政治、经济和民生的张力

遵守劳动纪律义务在"八二宪法"出台后的早期嬗变，一方面顺应了经济改革的需要，促进了经济的发展；另一方面反衬出政治目标的边缘化，更凸显出经济与民生目标之间的张力，这都给遵守劳动纪律义务的宪法地位平添了不确定性。经济改革承认了国家、企业与劳动者三方利益的不一致性，通过惩罚制度将劳动者的个人利益与守纪状况联系起来，有效提高了劳动者的服从度，严明了企业管理，提高了生产效率。政治教育的逻辑前提遇

---

[1] 劳动人事部《关于颁发中外合资经营企业劳动管理的两个文件及其说明的通知》（劳人劳 [1984] 1 号）。
[2] 劳动人事部《颁发〈关于外商投资企业用人自主权和职工工资、保险福利费用的规定〉的通知》（劳人计 [1986] 44 号）。

到了强有力的冲击，劳动纪律教育的退潮也就不可避免。随着企业获得越来越大的劳动纪律制定权和执行权，随着劳动纪律严厉程度的不断攀升，企业滥用权利、利用过分苛刻的劳动纪律侵害劳动者权益的现象逐渐增多，这使得发展经济与改善民生之间的矛盾日益暴露出来。按照《宪法》第14条第3款和第42条第2款的规定，在生产获得发展的基础上，劳动者的生活理应获得改善，而不合理的劳动纪律却成了落实宪法愿景的绊脚石，这与制宪者的初衷背道而驰。遵守劳动纪律义务的进一步演进渐成大势所趋。

第三节 遵守劳动纪律义务的当代发展

本节讨论遵守劳动纪律义务在21世纪的变迁。承认国家、企业和劳动者之间的利益分化是改革的必然要求，全盘返回遵守劳动纪律义务的原初含义是不切实际的。而中外劳动关系的历史表明，如果企业和劳动者的利益分歧得不到有效管控，走向激烈对抗和冲突，就可能导致生产停滞、社会震荡、政治失稳，造成国家、企业和劳动者"三输"的局面。为了管控分歧，实现宪法上兼顾三方利益的愿景，国家采取了两方面的措施：一方面以《劳动合同法》的出台为标志[1]，矫正企业与劳动者之间的力量失衡，

---

[1]《劳动合同法》本身没有将宪法宣示为制定依据，不属于严格意义上的宪法"实施法"，但其制定和实施关涉宪法的诸多价值和制度，仍然具有宪法意义。关于《劳动合同法》宪法意义的讨论，参见陈鹏：《限制自由与保障权利：宪法学视野中〈劳动合同法〉第八十五条之两面》，载《厦门大学法律评论》（第17辑），厦门大学出版社2009年版，第297—308页。

为遵守劳动纪律义务的履行设定条件，限制企业制定和执行劳动纪律的权利；另一方面以社会主义核心价值观入宪为契机，在利益分化的前提下寻找新的利益一致性，塑造劳动者"敬业"的新觉悟，将之纳入国家劳动教育的范畴，在一定程度上实现了遵守劳动纪律义务原初含义的复归和改造。通过这些努力，遵守劳动纪律义务的政治目标得到加强，而经济与民生目标之间的紧张关系有所缓解。

一、服从要求的限制

对于遵守劳动纪律义务的内涵限缩是从司法机关开始的，企业制定"准劳动纪律"——规章制度的权利是限缩的对象。2001年，最高人民法院颁布《关于审理劳动争议案件适用法律若干问题的解释》[1]，规定了法院适用规章制度审理案件的三项前提：一是"通过民主程序制定"，二是"不违反国家法律、行政法规及政策规定"，三是"已向劳动者公示"（第19条）。2006年出台的《关于审理劳动争议案件适用法律若干问题的解释（二）》[2]还规定，如果规章制度的内容与劳动合同或集体合同的约定不一致，劳动者有权要求适用劳动合同或集体合同（第16条），从而阻止了用人单位通过单方制定规章制度来架空约定。[3] 然而，所谓

---

[1] 法释〔2001〕14号。
[2] 法释〔2006〕6号。
[3] 参见最高人民法院民事审判第一庭编著：《最高人民法院劳动争议司法解释的理解与适用》（第2版），人民法院出版社2015年版，第145—154、296—302页。2021年实施的《关于审理劳动争议案件适用法律问题的解释（一）》纳入了上述规定（法释〔2020〕26号，第50条）。

"民主程序"及"公示"等要求的含义不够清晰,削弱了司法解释限制规章制度制定权的效果。问题的进一步解决需要依靠立法机关。

《劳动合同法》立法启动以后,规章制度制定权的限缩问题成为争议焦点。在程序方面,一审稿石破天惊地提出将全民所有制工业企业的"共决"制推广到所有企业,要求规章制度必须经由工会通过方能生效,引发了对于立法过度侵夺企业自主经营权的担忧[1]。企业自主经营权毕竟有《宪法》第16条和第17条、甚至第11条和第18条作为支撑,二审稿于是将"共决"改为"单决",让工会退回咨询对象的角色。《劳动合同法》还吸收了司法机关对于规章制度的公示要求,并且明确公示的义务主体是企业。在实体方面,《劳动合同法》赋予行政机关、司法机关和工会以不同的规章制度内容审查权:劳动行政部门在长期享有规章制度内容的检查权的基础上(第74条),还获得了针对违法规章的纠错权(第80条);司法机关有权追究违法规章制度制定企业的赔偿责任(第80条),法律出台后还对规章制度的合理性展开审查[2],三审稿还一度赋予司法机关以规章制度的无效宣告权,但是被四审稿删除;工会则享有针对内容不合理的规章制度提起交涉的权利(第4条)。

---

[1] 例如,董保华:《锦上添花抑或雪中送炭——析〈中华人民共和国劳动合同法(草案)〉的基本定位》,载《法商研究》2006年第3期。
[2] 参见陈伟忠:《法院对用人单位规章制度合理性审查合法吗》,载《中国劳动》2012年第8期;朱忠虎、严非:《法院可以而且应当审查用人单位规章制度的合理性——与陈伟忠同志商榷》,载《中国劳动》2013年第1期;陈伟忠:《再谈法院对用人单位规章制度合理性审查》,载《中国劳动》2014年第9期。

虽然规章制度的制定权受到了程序和实体的诸多限制，但是企业仍然保有制定时的决定权（第4条），以及根据规章制度单方面解除劳动合同的权利（第39条）。《劳动合同法》颁布当年，劳动纪律被国家宣告为规章制度的内容之一[1]，标志着企业制定和实施"准劳动纪律"的权力扩张到了劳动纪律上；《劳动合同法》生效后两周，《条例》即告废止[2]，标志着国家不再与企业分享劳动纪律的制定权。企业劳动纪律相关权力的扩张和限缩，在企业和劳动者之间、发展经济和保障民生之间达成了某种平衡。劳动者仍然应当遵守劳动纪律，但是只有义务遵守制定程序合法、内容合法且合理、以企业规章制度形式存在的劳动纪律。遵守劳动纪律义务的经济和民生目标之间达成了妥协。

二、觉悟要求的重塑

为了缓和企业与劳动者围绕劳动纪律所发生的冲突，除了对遵守劳动纪律义务施加外在限制之外，更为根本的路径在于重新发掘企业和劳动者利益的一致性，建立新共识，将这种共识以国家教育的方式传递给广大劳动者。诚然，国家、企业与劳动者利益分化的大趋势不可逆转，但是这并不意味着企业与劳动者之间截然对立。事实上，企业与劳动者的利益仍然有交叠之处：如果过分偏向劳动者的利益，导致劳动纪律松弛，企业的竞争力就会下降，能够分配给劳动者的收益也会随之减少；反之，如果过分偏向企业的利益，任凭企业运用劳动纪律苛待劳动者，劳动者就

---

[1] 中共中央宣传部、劳动和社会保障部、司法部、全国普及法律常识办公室《关于进一步加强〈劳动合同法〉〈就业促进法〉普法宣传教育工作的通知》（劳社部发〔2007〕39号）。

[2] 《国务院关于废止部分行政法规的决定》（国务院令第516号）。

会用脚投票，企业就会因为人才流失而伤到元气。对于劳动者而言，遵守合理合法的劳动纪律有利于自己从企业发展中获益；对于企业而言，确保劳动纪律的合理合法也有利于自己从留住人才中获益。认识到这种利益的交叠和牵连之后，企业和劳动者都会有动力实现利益共赢。正是因为承认企业与劳动者的利益在分化的基础上存在一致性，《劳动合同法》将"构建和发展和谐稳定的劳动关系"（第1条）确定为立法目的。法律的制定者指出："立法必须在多元利益主体之间寻找结合点，努力寻求各种利益主体之间特别是同一矛盾体中相对方之间的利益平衡。"[1]

共同的利益衍生出共同的价值追求，"遵守合理合法的劳动纪律"成为劳动者与企业新的价值共识。2018年修宪时，社会主义核心价值观作为"全体人民共有的价值追求"[2]写入《宪法》第24条，新的价值共识成为"敬业"价值的题中之义。敬业是社会主义核心价值观在个人层面的要求之一。"敬业"语出《小戴礼记·学记》，宋儒朱熹注解道："敬业者，专心致志，以事其业也。"[3]社会主义核心价值观入宪的前一年，《现代汉语词典》对"敬业"的释义为"专心致力于学业或工作"[4]，与朱熹的理解基

---

[1] 信春鹰主编，全国人民代表大会常务委员会法制工作委员会编：《中华人民共和国劳动合同法释义》，法律出版社2007年版，第4页。

[2] 《关于〈中华人民共和国宪法修正案（草案）〉的说明（摘要）》，载《人民日报》2018年3月7日第6版。参见李炳辉、周叶中：《论我国宪法与社会主义核心价值体系建设——寻找当代中国的共识基础》，载《法学论坛》2012年第4期。

[3] （清）孙希旦撰，沈啸寰、王星贤点校：《礼记集解》，中华书局1989年版，第959页。

[4] 中国社会科学院语言研究所词典编辑室编：《现代汉语词典》（第7版），商务印书馆2017年版，第695页。

本一致。敬业是对工作的专注态度，而一个不守纪律、散漫放纵的劳动者是无论如何也称不上专注的。"敬"即尊重，敬业包含着尊重工作中的规则的意思，而劳动纪律是重要的规则形式。当然，如果劳动纪律本身缺乏合法性或合理性，那么守纪就只是逆来顺受、缺乏权利意识的表现，而与敬业无关。不难看出，"遵守合理合法的劳动纪律"处在敬业的含义射程之内，是宪法希望劳动者建立的新觉悟的一部分。

与现行宪法制定时一样，新觉悟的养成也有赖于国家的教育。随着劳动教育在国民教育当中地位的提升，关于新觉悟的教育有望纳入劳动教育而得到加强。2020年，教育部出台《大中小学劳动教育指导纲要（试行）》，要求通过教育让学生继承"敬业奉献的优良传统""感受并领悟勤勉敬业的劳动精神"；针对即将投身职业劳动的职业院校学生，还特别要求培育他们"爱岗敬业的劳动态度"和"'干一行爱一行'的敬业精神"[1]。以"遵守合理合法的劳动纪律"为内容的新觉悟不仅丰富了敬业价值的内涵，而且将会起到凝聚新共识、巩固国家政权的作用。遵守劳动纪律义务的政治目标实现了某种复归。

"八二宪法"颁布以后，经过近四十年的发展演变，遵守劳动纪律义务的当下含义是：作为劳动者的公民既要遵守由企业制定的、以劳动纪律为内容的、合理合法的规章制度，又要接受国家的劳动教育，养成敬业的价值观念。在经济改革大潮的洗礼下，遵守劳动纪律义务并没有过时或空洞化，而是与时俱进地不断生发出新的内涵。制宪时的设想是遵守劳动纪律义务的初心，但是

---

[1] 教材[2020]4号。

宪法解释作业不能停留在 1982 年的原点不动，更不能把中国宪法上的遵守劳动纪律义务等同于斯大林宪法上的类似规定[1]，以 1936 年的苏联经验来解读当代中国的宪法实践，否则就会脱离宪法变迁的客观实际。

纵观遵守劳动纪律义务发展演变的历史，其主要内容从接受国家教育以提高觉悟，逐步转化为接受企业惩罚以加强服从，再调整为当下的状态，基本完成了"正—反—合"的逻辑过程。展望遵守劳动纪律义务的未来趋势，无论倒退回正题还是反题皆非正途，唯有继续完善合题、追求政治经济民生效果的统一方有出路。至于完善合题的主要机制，在遵守企业规章制度问题上要依靠司法机关对企业与劳动者的利益做双向平衡[2]，在接受国家思想教育问题上要依靠教育机构忠实完成国家托付的劳动教育职责。这是探讨公民遵守劳动纪律义务的宪法变迁的基本结论。

---

[1] 学者考证，新中国历部宪法关于遵守劳动纪律义务的规定，都有借鉴苏联 1936 年宪法的印记。韩大元：《外国宪法对 1954 年宪法制定过程的影响》，载《比较法研究》2014 年第 4 期；涂四益：《五四宪法之公民权利义务规范的特点——兼论与苏联 1936 年相关宪法规范的区别》，载《法学评论》2011 年第 4 期。

[2] 司法机关除了限制企业的规章制定权以外，也通过裁判扩大企业的相关权利，所以调节是双向的。例如运用诚实信用原则对规章制度的内容做扩张解释，参见（2017）京民再 65 号判决书。由司法机关负责利益平衡的主要风险在于各地裁判标准的不一致性，这会间接地造成宪法含义的分歧和模糊。参见程金华、柯振兴：《中国法律权力的联邦制实践——以劳动合同法领域为例》，载《法学家》2018 年第 1 期。劳动法学界部分学者主张由工会而非司法机关充当主要的"平衡手"，例如，朱军：《〈劳动合同法〉第 4 条"平等协商确定"的再解读——基于劳动规章制度的中德比较》，载《华东政法大学学报》2017 年第 5 期；王倩：《我国过错解雇制度的不足及其改进——兼论〈劳动合同法〉第 39 条的修改》，载《华东政法大学学报》2017 年第 4 期。

第五章　破产保障

在我国破产法律制度的建设过程中，劳动者权益保障问题长期居于核心地位，甚至两次主导了立法进程。据参加起草1986年《企业破产法（试行）》（以下简称"旧破产法"）的人士回忆，由于就破产待业职工的待遇问题难以达成一致，该法的审议一度延宕，甚至面临胎死腹中的风险。[1] 而在2006年《企业破产法》（以下简称"新破产法"）出台时，惊险的一幕几乎重演：法律草案早在1995年就提交给全国人大常委会，但是由于社会保险制度不配套而未能上会审议；2000年重启后，又因为个别地方出现企业不稳定现象而未能上会；2003年再次重启后，历经三次审议才艰难调和了关于劳动者问题的不同意见，新法这才得以出台。[2] 立法的争议也蔓延到学界。围绕劳动债权的清偿顺位等问题，民

---

[1] 宋汝棼：《参加立法工作琐记（上册）》，中国法制出版社1994年版，第130—134页；曹思源：《破产风云》，中央编译出版社1996年版，第127—169页。

[2] 《中华人民共和国企业破产法》起草组编：《〈中华人民共和国企业破产法〉释义》，人民出版社2006年版，第11—13页。

商法学与劳动法学展开了针锋相对的辩论[1],其尖锐和激烈程度甚至不亚于《劳动合同法》出台前后的论战。

意味深长的是,宪法在这场立法和学术的辩论中几乎缺席。正如一位破产法学者所言,"破产法的宪法性甚少为人关注"[2],而破产法上劳动者权益之争的宪法意蕴更鲜少获得开示。本章试图改变这种缺席的局面。引入宪法讨论并不是为了"凑热闹",而是宪法与破产法的客观联系所决定的。透过争议的迷雾,本章将主要以立法文本为质料,还原新旧破产法所各自树立的劳动者形象,进而证明这些形象都可以在宪法上找到根源。其中,旧破产法建立了劳动者的主人翁形象,赋予其积极、奉献和有权的特质,加以激发、补偿和尊重;新破产法转而建立了劳动者的受害者形象,赋予其消极、谋生和无权的特质,将其当作弱者加以保护。两种形象的分野,导源于宪法上对于劳动者的二元认知,破产法的制度变迁实则反映了宪法的内在张力。从这个意义上说,破产法是宪法实施法。为了更好地实施宪法,破产法一方面要不忘宪

---

[1] 民商法学界的代表观点,见王利明:《关于劳动债权与担保物权的关系》,载《法学家》2005年第2期;王欣新:《论职工债权在破产清偿中的优先顺序问题》,载《法学杂志》2005年第4期;许德风:《破产法论:解释与功能比较的视角》,北京大学出版社2015年版,第175—178页。劳动法学界的代表观点,见郭军:《对〈企业破产法〉劳动债权保护制度的评析》,载《中国律师》2009年第8期;郑尚元:《实质公平与形式正义之间的〈破产法〉——再谈"劳动债权"与担保债权清偿顺序》,载郑尚元:《劳动法与社会法理论探索》,中国政法大学出版社2008年版。对于争论的综述,见张善斌主编:《破产法研究综述》,武汉大学出版社2018年版,第167—177页、第549—578页。
[2] 李曙光:《破产法的宪法性及市场经济价值》,载《北京大学学报(哲学社会科学版)》2019年第1期。

法初心,避免发生劳动者的"去人格化",将劳动者降格为作为生产要素的人力资源;另一方面要探索宪法合题,努力在劳动者的两种形象之间寻找中道。为了阐发上述观点,本章将在第一节探讨旧破产法上的劳动者形象,第二节转入新破产法,并在结语部分初步描绘未来的方向。

第一节　旧破产法上的主人翁形象

一、主人翁形象的立法塑造

旧破产法是将劳动者当作企业乃至国家的主人翁来看待的。法律有 4 个条文直接涉及劳动关系,这是该法塑造劳动者形象的质料。第 1 条规定了民主管理:"为了适应社会主义有计划的商品经济发展和经济体制改革的需要,促进全民所有制企业自主经营,加强经济责任制和民主管理,改善经营状况,提高经济效益,保护债权人、债务人的合法权益,特制定本法。"第 4 条规定了安置就业和生活保障:"国家通过各种途径妥善安排破产企业职工重新就业,并保障他们重新就业前的基本生活需要,具体办法由国务院另行规定。"第 20 条第 2 款规定了职代会的角色:"企业整顿方案应当经过企业职工代表大会讨论。企业整顿的情况应当向企业职工代表大会报告,并听取意见。"第 37 条第 2 款规定了劳动债权的优先清偿:"破产财产优先拨付破产费用后,按照下列顺序清偿:(一)破产企业所欠职工工资和劳动保险费用;(二)破产企业所欠税款;(三)破产债权。"

以今天的眼光来看,除了第 37 条第 2 款以外,其他几条规定都有些令人费解:破产是企业的死亡,企业都没了,谈何"民主管理"？劳动者能否再就业取决于劳动力市场，失业生活则由社保兜底，为何国家却要做出安置就业和保障生活的重大承诺？企业整顿（大致相当于新破产法上的重整）主要依靠专家（如美国法上的"首席重整官"）[1]，职代会能起什么作用？这些疑问来源于过去三十余年中国企业的巨大变化，反映了当下人们对于旧破产法出台背景的隔膜。事实上，旧破产法中的上述规定均源自特殊的政策考虑，而每一政策均预设了劳动者的某一特质，将这些特质综合起来就构成了劳动者的形象。

（一）劳动者的积极特质

旧《破产法》第1条背后的政策可以概括为"企业破产需要挽救"，它预设了劳动者的积极特质，希望通过激发这一特质来整顿企业。所谓积极特质，是指劳动者具备劳动的主动性和创造性，而不仅仅是消极地、被动地、重复地劳动。

旧破产法与其说是破产善后法，不如说是破产挽救法。它对于企业整顿寄予了很高的希望，这和新破产法存在很大不同。正如全国人大常委会法工委负责人所言："被宣告破产的企业可能是比较少的，实际受破产影响的职工也是比较少的。但是由于存在破产的威胁，将有利于促进濒临破产的企业努力改善经营管理，提高经济效益，争取转亏为盈，这也是我们制定破产法的根本目的。"既然要把破产法当成"激将法"来用，又有哪些"将"可"激"呢？企业行政一方固然是激发的对象，例如，立法者希望破产的威胁能够促使企业行政一方"更加重视依法行使自主权利，

---

[1] 李曙光：《破产法的宪法性及市场经济价值》，载《北京大学学报（哲学社会科学版）》2019年第1期。

抵制不适当的干预或瞎指挥""对企业的经营状况将更加关心"[1]；而劳动者一方同样需要激发、可以激发，这是旧破产法今天不易被理解之处。

旧破产法对于调动劳动者积极性的期待，源于破产试点的成功经验。曹思源曾经担任国务院旧破产法起草小组下的工作小组负责人，人称"曹破产"[2]。据他追记，沈阳市于1985年将五金铸造厂纳入破产试点，发出《破产警戒通告》。

> 同破产倒闭命运的搏斗，终于使全厂干部、群众紧紧地团结起来了。臃肿的机构做了大刀阔斧的精简，干部分别下车间层层搞承包。厂干部由40人减为8人，几名主要技工提出恢复铸造产品，准备承包铸造车间。老工人主动出厂揽活，假日也不休息。厂长反映，自从亮"黄牌"以后，生产比从前好指挥了。由于上上下下的积极性、主动性空前提高，这个厂1985年当年就结束了连续亏损的历史，获得了15,200元利润……[3]

这幅景象显然是立法者所希望见到的。试点表明，劳动者当中蕴藏着巨大的能动性、创造性，他们有智慧、有能力帮助企业走出困境。或许在今天看来，立法者对劳动者寄予了过高的希望，但是这种希望在当时确有试点经验作为依据。所需要的只是调动劳动者积极性的契机。契机的本质是打破"大锅饭"，让劳动者产生

---

[1] 以上均引自《全国人大常委会法制工作委员会负责人答记者问 实行破产制度促进企业自主经营》，载《人民日报》1986年12月7日第2版。

[2] 曹思源：《破产风云》，中央编译出版社1996年版，第381页。

[3] 曹思源：《谈谈企业破产法》，中国经济出版社1986年版，第20页。

危机感。在旧破产法出台以前，国家应对国企长期亏损问题的主要手段是关停并转。被关停的企业往往吃财政饭，被并转的企业往往到效益好的企业"吃大户"，劳动者的待遇无论怎样都不受损，危机感无从谈起。[1] 实施破产改革以后，"大锅饭"吃不上了，危机感油然而生，劳动者、特别是有技术和管理能力的人就会站出来帮助企业，从而实现劳动者与企业利益的双赢。

值得一提的是，为了调动劳动者的积极性，为什么不削弱劳动债权的清偿保障，以此增强劳动者的危机感？有学者设问："一个将劳动债权等同于普通债权的制度是不是会更有助于激励职工与企业'同舟共济'，从而提高职工的劳动热情与生产效率？"[2] 这种观点并非新事。早在旧破产法出台时，《人民日报》就刊文称："制定和实施企业破产法，核心的问题是：企业的主管部门、企业的经营者和企业的职工，要共同承担经营企业的风险。"[3] 一个可能的解释是：这样做虽然可能进一步调动劳动者的积极性，却会过分损害法律的另一个目标——补偿国企职工的特殊牺牲。这种牺牲来自劳动者的另一个特质——奉献。

（二）劳动者的奉献特质

旧《破产法》第4条和第37条第2款背后的政策可以概括为"特殊牺牲需要补偿"，它预设了劳动者的奉献特质，希望通过额外的回报来肯定这一特质。所谓奉献特质，是指劳动者在劳动中

---

[1] 关于关停并转的弊端，见曹思源：《谈谈企业破产法》，中国经济出版社1986年版，第4—12页。
[2] 许德风：《破产法论：解释与功能比较的视角》，北京大学出版社2015年版，第176页。
[3] 袁木：《关于制定企业破产法的几点认识》，载《人民日报》1986年12月6日第2版。

追求公共利益,而不仅仅追求私人利益。

如果企业无法挽救,旧破产法对于劳动者的善后待遇是相对优厚的。根据第37条第2款,劳动债权的清偿顺位优先于税收债权;"当时普遍的观念认为企业欠国家钱优先偿还是天经地义,这是一个来之不易的胜利"[1]。根据第4条,国家承诺"妥善安排"重新就业,这明显超出了促进就业的范围,接近于安置就业,可谓一诺千金;国家还按照国务院颁布的《国营企业职工待业保险暂行规定》,为破产企业劳动者提供待业救济金,最长领取期限达12至24个月,领取标准达标准工资的50%至75%,这大大超出了后来的失业保险金的待遇水平[2],可谓慷慨非常。在1990年代的国企改革和下岗大潮中,国家推行"政策性破产",实事求是地放弃了安置就业的承诺,降低了待业救济金的标准,但是新增了一次性安置费,总体补偿标准仍然远高于失业保险。根据1993年颁行的《国有企业职工待业保险规定》(替代原《暂行规定》),"待业救济金的发放标准为相当于当地民政部门规定的社会救济金额的百分之一百二十至百分之一百五十"。根据1994年发布的《国务院关于在若干城市试行国有企业破产有关问题的通知》,"一次性安置费原则上按照破产企业所在市的企业职工上年平均工资收入的3倍发放",不足部分由财政负担;转让企业土地使用权所得要优先安置职工,剩余部分才列入破产财产分配方案,这意味着劳动债权的清偿顺位甚至局部地优先于有担保债权。

国家如此厚待破产企业劳动者的原因何在?这是因为,旧破

---

[1] 陈夏红:《从核心到边缘:中国破产法进化中的职工问题(1986—2016)》,载《甘肃政法学院学报》2016年第4期。

[2] 《国营企业职工待业保险暂行规定》第7条,《失业保险条例》第17条、第18条。

产法的适用对象是国企（第2条），而国企职工为公共利益做出了特殊的牺牲，这种无私的奉献精神需要肯定和补偿。在建立现代企业制度之前，国企身为共和国工业的"长子"，作为政府加长的手臂而存在，并不具有独立的法人资格和经营自主权，而是承担了大量公共职能；与此相匹配的是，国企职工的劳动成果被国家大量占有，而自身分配到的份额非常有限。这种特殊牺牲被经济学界称为国企职工的"超额贡献"[1]，表现在三个方面：一是国家长期实行高积累、低消费政策，片面压低国企职工的工资；二是国企职工承担了支农、援建等大量义务性的劳动任务，缺乏回报；三是国企职工当中涌现出一大批"舍小家、顾大家"的劳动模范和先进工作者。如果对这些贡献不加补偿，就等于在事实上否定了奉献精神，这种精神所服务的公共利益就会遭到损害。这是旧破产法及政策性破产厚待劳动者的原因所在。

上述分析可以解释劳动债权为何要优先清偿。长期以来，学界在讨论劳动债权的清偿顺序时，都是将其与有担保债权和普通债权对比；实际上，劳动债权的清偿顺序很可能并不是在和有担保债权及普通债权的对比中确立的，而是在与国家权利的对比中形成的。由于国企职工的无私奉献，作为公共利益代表的国家对他们有所亏欠，补偿方式就是"礼让"劳动债权，允许劳动者"插队"到国家前面或者替代国家的位置行使权利。在一般破产中，税收债权本来就优先于普通债权清偿；一旦劳动债权"插队"到税收债权之前，就形成了旧《破产法》第37条第2款的清偿顺序。在政策性破产中，企业如果通过划拨方式取得建设用地使用

---

[1] 杨冬梅：《破产法与破产企业职工安置》，载《政法论坛》1998年第2期。

权,其上的抵押权只能就折价或拍卖、变卖所得价款缴清土地出让金后的余额行使。[1] 国家让劳动债权"插队"到有担保债权之前,实际效果大致相当于收取土地出让金并全部用于清偿劳动债权,余额才轮到有担保债权的行使。可见,劳动债权在清偿中的优先地位来自国家"礼让",而有担保债权或普通债权的顺位本来就低于国家的相关权利(有担保债权低于国家收取土地出让金的权利,普通债权低于国家收取税金的权利),其顺位低于劳动债权只是国家"礼让"的客观效果。换言之,劳动债权优先清偿的原初逻辑很可能是慷国家之慨,而不是挤压其他债权。国家"礼让"是由补偿职工无私奉献的意志所驱动的。附带提一下:在假设劳动者无私的前提下,劳动债权的优先清偿地位不会诱发劳动者促进企业破产的机会主义行为。[2]

(三)劳动者的有权特质

旧《破产法》第20条第2款背后的政策可以概括为"民主秩序需要维护",它预设了劳动者的有权特质,希望通过尊重这一特质来维护企业秩序和社会稳定。所谓有权特质,是指劳动者享有经济民主权利,有权通过职代会参与企业管理。

第20条第2款规定了职代会在企业整顿中的角色,这种角色的本质是经济民主,形式则是职代会与企业上级主管部门的沟通。引人瞩目的是,这种沟通远比现今企业管理层与工会或职代会的

---

[1] 《最高人民法院关于破产企业国有划拨土地使用权应否列入破产财产等问题的批复》第2条。

[2] "如果法律规定职工在破产时优先于担保债权人等其他债权人受偿,会不会导致(已被欠薪的)职工懈怠工作,促使企业破产的行为(以便自己的劳动债权获得清偿)?"许德风:《破产法论:解释与功能比较的视角》,北京大学出版社2015年版,第176页。

沟通更为实质，它不是自愿的、一次性的、单向的、甚至居高临下的通报，而是强制的、全程性的、双向的、甚至带有谦卑的交流。首先，法律对于沟通的启动使用了"应当"的措辞，宣示了沟通的强制性。其次，企业整顿方案和情况都被列入沟通内容，而整顿情况的沟通完全可能不止一次，这使得整个整顿过程都被纳入了沟通范围。再次，企业上级主管部门在沟通时不仅要履行告知义务，而且要听取职工意见，沟通因而具有了一定的双向互动性质。最后，法律将沟通定性为向职代会"报告"，这种放低姿态的做法既有利于沟通取得实效，也反映出法律对于职代会作为经济民主象征物的尊重。

旧破产法为什么要尊重经济民主？一方面是因为经济民主具有工具性价值，有利于激发劳动者的能动性。只有经济民主获得落实，劳动者切实掌握影响企业管理的力量，才能够摆脱面对企业命运时的无力感，投入到挽救企业、改变企业命运的努力之中。反之，如果经济民主停留在口号上，企业管理者照旧我行我素，劳动者就更可能产生事不关己之感[1]。另一方面，经济民主具有本体性价值，即使离开激发劳动者积极性的目标，也仍然是法律的重要追求所在。正如全国人大法制委员会有关人员所指出的："参与企业的监督管理，由职工代表大会审查整顿方案，是企业职工的民主权利。"[2] 民主本身就是目的。旧《破产法》是在《全民所有制工业企业法》实施满3个月之日起生效的（第43条），而后者在第50条第1款规定："职工代表大会是企业实行民主管理

---

[1] 曹思源就持有类似看法。曹思源：《谈谈企业破产法》，中国经济出版社1986年版，第175—176页。

[2] 傅洋、相自成、扈纪华、金俊银：《中华人民共和国破产法（试行）附条文释义》，中国政法大学出版社1986年版，第43页。

的基本形式,是职工行使民主管理权力的机构"——这与旧《破产法》第 20 条第 2 款遥相呼应,支撑起劳动者作为民主权利享有者的地位。

(四)劳动者的主人翁形象

将积极、奉献和有权三种特质糅合起来,就建立起旧破产法上的劳动者形象。这种形象可以概括为"主人翁"。根据《现代汉语词典》,"主人翁"是指"当家做主的人"[1],也就是"主人"。家庭生活经验表明,一家之主往往最为能动,总想着带领全家改善生活;也往往最为无私,先人后己,为家庭付出最多而不求回报;当然也大权在手,当家作主。这个道理在劳动者身上也成立。劳动者的积极特质来自其作为企业主人翁的角色认知。企业生死存亡之际,劳动者没有事不关己、高高挂起,更没有力图切割、唯求自保,而是挺身而出,变"要我做"为"我要做",原因何在?就在于他们把企业当成了自己的,把自己当作主人翁。劳动者的奉献特质来自其作为国家主人翁的角色认知。为了超越个人利益、甚至超越企业利益的公共利益,劳动者甘愿付出,不图回报,原因何在?就在于他们把国家当成了自己的,把自己当作主人翁。而劳动者的有权特质则是对其企业和国家双重主人翁地位的肯定,不仅有权,而且担责,权责一体。这样的主人翁形象不仅丰满、真实,而且高大、正面。在色调偏暗的破产图景之中,如此形象恰如一抹亮色,既引人注目,又饱含希望。

二、主人翁形象的宪法根源

行文至此,旧破产法与宪法的连结已经呼之欲出。劳动者的

---

[1] 中国社会科学院语言研究所词典编辑室编:《现代汉语词典》(第 7 版),商务印书馆 2016 年版,第 1711 页。

主人翁形象来源于宪法，旧破产法是宪法的投射。主人翁形象根源于《宪法》第 42 条第 3 款第 2 句："国有企业[1]和城乡集体经济组织的劳动者都应当以国家主人翁的态度对待自己的劳动。"什么是"国家主人翁的态度"？时任宪法修改委员会副秘书长张友渔指出，这种态度区别于既往劳动态度的关键之处，在于劳动目的的改变："在我们社会主义国家就不同了，劳动者是国家的主人，劳动是为社会主义生产，是为包括劳动者在内的全体人民生产"[2] 据此，所谓国家主人翁的态度，就是为公劳动的态度。反之，只有具备为公劳动的态度，才符合宪法对于劳动者的理解，成为国家的主人；这是劳动作为宪法义务的内在逻辑[3]，也是宪法劳动规范作为承认规范的意义所在[4]。

那么，怎样做才算为公劳动呢？从宪法文本的内在体系来看，主要包括四项标准。一是热爱劳动。这是情感和价值观方面的要

---

[1] 原为"国营企业"，1993 年修宪时改为"国有企业"。

[2] 张友渔：《新宪法与劳动工作》，载北京市劳动学会秘书处编印：《社会主义宪法与劳动工资制度改革》，1984 年版，第 6 页。类似的论证见于刘政主编：《〈中华人民共和国宪法〉通释》，中共中央党校出版社 1993 年版，第 123—124 页；许崇德：《中华人民共和国宪法史》（下卷），福建人民出版社 2005 年版，第 501 页；张庆福、王德祥：《我国公民的基本权利和义务》，群众出版社 1987 年版，第 50—51 页。

[3] 学者普遍将劳动义务与主人翁地位联系起来。例如，肖蔚云：《我国现行宪法的诞生》，北京大学出版社 1986 年版，第 139 页；许安标、刘松山：《中华人民共和国宪法通释》，中国法制出版社 2003 年版，第 138 页。

[4] 关于劳动规范作为承认规范，见王旭：《劳动、政治承认与国家伦理——对我国〈宪法〉劳动权规范的一种阐释》，载《中国法学》2010 年第 3 期。

求。《宪法》第 24 条第 2 款规定："国家倡导社会主义核心价值观[1]，提倡爱祖国、爱人民、爱劳动、爱科学、爱社会主义的公德"；第 42 条第 3 款第 1 句规定："劳动是一切有劳动能力的公民的光荣职责"。因为劳动具有了为公的性质，劳动者是为了祖国、人民和社会主义而劳动，所以爱劳动就是爱祖国、爱人民、爱社会主义。劳动的光荣来自劳动者超越狭隘私利的壮举，是一种崇高的觉悟。热爱劳动的特质在旧破产法的劳动者形象上表现不多。

二是积极劳动。《宪法》第 14 条第 1 款规定："国家通过提高劳动者的积极性……以不断提高劳动生产率和经济效益，发展社会生产力。"正是因为认识到了为公劳动的重大意义，劳动者才摆脱了给人打工的消极被动心态，积极主动地为发展生产而思考和投入。在旧破产法的劳动者形象上，积极劳动对应着积极特质，它意味着劳动者将企业的困境当作自身的困境，为了公共利益而不仅是个人利益挺身而出。

三是奉献劳动。《宪法》第 42 条第 3 款第 3、4 句规定："国家提倡社会主义劳动竞赛，奖励劳动模范和先进工作者。国家提倡公民从事义务劳动。"[2] 所谓劳动竞赛，并非单纯比拼劳动技能甚至赚钱能力的高下，而是较量为公共利益所做贡献的大小；所谓劳动模范和先进工作者，并非单纯因为劳动技能精湛或赚钱能力高超而胜人一筹、堪为世范，而是因为具备较常人更高的、为

---

[1] 社会主义核心价值观于 2018 年入宪。"敬业"是社会主义核心价值观的一部分，它和"爱劳动"是相通的，都源于劳动的为公性质。

[2] 宪法上涉及奉献劳动的内容还包括：第 14 条第 3 款的"兼顾国家、集体和个人的利益"，第 47 条第 2 句的"国家对于从事教育、科学、技术、文学、艺术和其他文化事业的公民的有益于人民的创造性工作，给以鼓励和帮助"。

公劳动的觉悟和能力；所谓从事义务劳动，是指为了公共利益劳动而不求回报。在旧破产法的劳动者形象上，奉献劳动对应着奉献特质。值得一提的是，学者往往强调劳动竞赛、表彰和义务劳动制度的教育功能，将其看作提高劳动者觉悟的方式和精神文明建设的一部分；[1] 而旧破产法上厚待破产企业劳动者的规定则表明，奉献劳动不仅意味着觉悟，更是一种巨大的、实在的牺牲，不仅需要精神肯定，而且应予物质补偿。

四是民主劳动。《宪法》第 2 条第 3 款规定："人民依照法律规定，通过各种途径和形式……管理经济和文化事业……"；第 16 条第 2 款规定："国有企业依照法律规定，通过职工代表大会和其他形式，实行民主管理"；第 17 条第 2 款规定："集体经济组织实行民主管理，依照法律规定选举和罢免管理人员，决定经营管理的重大问题。"[2] 经济民主和劳动者的民主管理权，是与政治民主和劳动者的主人翁地位相互呼应和支撑的。它们共同构成劳动者

---

[1] 例如，王旭：《劳动、政治承认与国家伦理——对我国〈宪法〉劳动权规范的一种阐释》，载《中国法学》2010 年第 3 期。这种观点很可能与"七八宪法"的措辞有关：该法第 10 条第 2 款第 2 句将"国家提倡社会主义劳动竞赛"规定为"鼓励公民在劳动中的社会主义积极性和创造性"的手段。现行宪法将劳动竞赛和劳动积极性归入两个不同的条文，淡化了这种目的—手段关系。

[2] 此外，《宪法》第 53 条规定了公民"遵守劳动纪律"的义务，其依据在于社会主义的劳动纪律是经由民主程序制定的自治规范，遵守劳动纪律反映了对于经济民主的尊重。诚如经典作家所言："农奴制的社会劳动组织靠棍棒纪律来维持……资本主义的社会劳动组织靠饥饿纪律来维持……共产主义（其第一步为社会主义）的社会劳动组织则靠推翻了地主资本家压迫的劳动群众本身自由的自觉的纪律来维持……"劳动部劳动经济科学研究所编：《马克思 恩格斯 列宁 斯大林论共产主义劳动》，1958 年版，第 85 页。

为公劳动的根本动力，即为公就是为己。在旧破产法的劳动者形象上，民主劳动对应着有权特质。

不难看到，不仅旧破产法上的主人翁形象来自宪法，而且这一形象的三个特质也与宪法对于主人翁的描摹一一对应。部门法与宪法在无形中展开了一场对话，双方的唱和与互证，时隔多年犹在耳畔。这场对话究竟是有意为之，还是无心插柳，如今已经难以考证。可以确定的是，在构建破产制度这一全新的改革任务面前，宪法为部门法提供了重要的思路和依据，而部门法也落实了宪法的命令，扮演了宪法实施法的角色。就此而论，旧破产法堪称我国"立法行宪"的典范之作。[1]

第二节　新破产法上的受害者形象

一、受害者形象的立法塑造

不幸的是，旧破产法的劳动者形象在很大程度上落空了。经过政策性破产和下岗大潮的洗礼之后，2006年出台的新破产法总结经验教训，设定了与从前迥异的劳动者形象——受害者。"受害者"的说法取自新法的起草人。在就立法草案做出说明时，起草人一语道破了立法背后的考量："职工是企业破产的直

---

[1] 立法行宪是我国宪法实施的主要方式之一。习近平同志指出："全国人大及其常委会要加强重点领域立法，拓展人民有序参与立法途径，通过完备的法律推动宪法实施，保证宪法确立的制度和原则得到落实。"习近平：《在首都各界纪念现行宪法公布施行30周年大会上的讲话（2012年12月4日）》，载《人民日报》2012年12月5日第2版。

接受害者。"[1] 新破产法有不少于10个条文涉及劳动关系，这是该法塑造劳动者形象的质料。这些条文可以归为三组：第一组涉及保护劳动者的基本原则，第6条规定："人民法院审理破产案件，应当依法保障企业职工的合法权益……"第二组涉及劳动者的程序权利和保障，具体包括：破产申请时须提交职工安置预案，并如实交代工资和社保费用缴纳情况[2]；劳动债权无须申报，应予公示，且可更正[3]；职工和工会代表有权参加债权人会议和债权人委员会[4]。

---

[1] 贾志杰（全国人大财政经济委员会副主任委员）：《关于〈中华人民共和国企业破产法（草案）〉的说明——2004年6月21日在第十届全国人民代表大会常务委员会第十次会议上》，中国人大网 http://www.npc.gov.cn/wxzl/gongbao/2006-09/26/content_5354979.htm（最后访问2020年8月24日）。

[2] 第8条规定："……债务人［向人民法院］提出［破产］申请的，还应当向人民法院提交……职工安置预案以及职工工资的支付和社会保险费用的缴纳情况。"第11条规定："人民法院受理破产申请的，应当自裁定作出之日起五日内送达申请人……债务人应当自裁定送达之日起十五日内，向人民法院提交……职工工资的支付和社会保险费用的缴纳情况。"第127条规定："债务人违反本法规定，拒不向人民法院提交或者提交不真实的……职工工资的支付情况和社会保险费用的缴纳情况的，人民法院可以对直接责任人员依法处以罚款……"

[3] 第48条规定："……债务人所欠职工的工资和医疗、伤残补助、抚恤费用，所欠的应当划入职工个人账户的基本养老保险、基本医疗保险费用，以及法律、行政法规规定应当支付给职工的补偿金，不必申报，由管理人调查后列出清单并予以公示。职工对清单记载有异议的，可以要求管理人更正；管理人不予更正的，职工可以向人民法院提起诉讼。"

[4] 第59条规定："……债权人会议应当有债务人的职工和工会的代表参加，对有关事项发表意见。"第67条规定："……债权人委员会由债权人会议选任的债权人代表和一名债务人的职工代表或者工会代表组成。……"第82条规定："下列各类债权的债权人参加讨论重整计划草案的债权人会议，依照下列债权分类，分组对重整计划草案进行表决：……（二）债务人所欠职工的工资和医疗、伤残补助、抚恤费用，所欠的应当划入职工个人账户的基本养老保险、基本医疗保险费用，以及法律、行政法规规定应当支付给职工的补偿金……"

第三组涉及劳动债权的清偿顺位。具体包括：劳动债权优先于普通破产债权清偿[1]；劳动债权有条件地优先于有担保债权清偿[2]；政策性破产对于清偿的特殊规定仍然适用[3]。透过这些条文，可以看到一个与主人翁角色迥异、甚至互补的受害者形象。

（一）劳动者的消极特质

与旧破产法相比，新破产法的一项重要变化发生在总则章：加强民主管理的立法目的不再提及，代之以保护职工权益。换言之，在企业面临危机时，法律不再期待劳动者挺身而出、参与管理、帮助企业脱困，而是举起保护之盾，让劳动者退到盾牌之后。劳动者从自治的主体，转换为他治的对象；从破产命运的逆转者，转换为破产后果的承受者。这反映了劳动者的积极特质被消极特质所取代。所谓消极特质，是指劳动者严格遵循被管理者的角色，

---

[1] 第113条规定："破产财产在优先清偿破产费用和共益债务后，依照下列顺序清偿：（一）破产人所欠职工的工资和医疗、伤残补助、抚恤费用，所欠的应当划入职工个人账户的基本养老保险、基本医疗保险费用，以及法律、行政法规规定应当支付给职工的补偿金；（二）破产人欠缴的除前项规定以外的社会保险费用和破产人所欠税款；（三）普通破产债权。破产财产不足以清偿同一顺序的清偿要求的，按照比例分配。破产企业的董事、监事和高级管理人员的工资按照该企业职工的平均工资计算。"

[2] 第132条规定："本法施行后，破产人在本法公布之日前所欠职工的工资和医疗、伤残补助、抚恤费用，所欠的应当划入职工个人账户的基本养老保险、基本医疗保险费用，以及法律、行政法规规定应当支付给职工的补偿金，依照本法第一百一十三条的规定清偿后不足以清偿的部分，以本法第一百零九条规定的特定财产优先于对该特定财产享有担保权的权利人受偿。"

[3] 第133条规定："在本法施行前国务院规定的期限和范围内的国有企业实施破产的特殊事宜，按照国务院有关规定办理。"

听令行事,缺乏主动性和创造性。

从积极特质到消极特质的转变是如何发生的?至少有两个因素发挥了作用。其一是法律实施的经验。旧破产法所设想的、劳动者发挥积极性帮助企业脱困的图景,在很大程度上未能实现。相反,当企业陷入困境时,劳动者往往和经营者一样束手无策,只能被动接受破产的结果。究其原因,劳动者在企业整顿过程中扮演积极角色是有条件的。通常来说,只有在规模不大、负担不重的企业,在拥有优势技术或其他生产要素、生产潜力大的企业,在管理者与劳动者沟通顺畅、关系融洽的企业,劳动者的积极性才能够获得发挥并起到实效。比如前述沈阳五金铸造厂的案例,该厂职工共159人,拥有能够恢复铸造产品的技工,也拥有能够外出揽活的老工人,而厂干部更是下到车间搞承包。[1] 这些条件凑到一起,才搭就了劳动者发挥积极性的舞台,而这显然并非易事。既然实践表明做不到,新破产法也就不再对劳动者的积极性抱有过多期待了。

另一个因素是适用范围的改变。旧《破产法》仅适用于全民所有制企业,而新破产法则扩展适用到各类企业法人(第2条)。正如宪法将主人翁态度限定在公有制企业内,立法也倾向于认为劳动者的积极特质仅存在于国企之中。为了让新破产法能够同时适用于各种所有制的企业,只能取"最大公约数",将积极特质化约掉。以"化约积极特质"换取"法律普遍适用"的做法,并非仅见于破产法的新旧交替,而是在《全民所有制工业企业法》与《劳动法》的关系之中已经预演过。旧破产法对劳动者形象的理解主要取自《全民所有制工业企业法》,该法设专章规定了职工的民

---

[1] 曹思源:《谈谈企业破产法》,中国经济出版社1986年版,第20页。

主权利和职代会制度,强调"职工有参加企业民主管理的权利,有对企业的生产和工作提出意见和建议的权利",并且"有向国家机关反映真实情况,对企业领导干部提出批评和控告的权利"(第49条),要求"职工应当以国家主人翁的态度从事劳动"(第50条)。无论是意见建议还是批评控告,都意味着劳动者不能满足于完成管理者交给的任务,还要关心企业发展,这反映出劳动者的积极特质,而从消极特质的角度来看无异于"操闲心"甚至"越俎代庖"。学者指出,在这种体制下,"企业全体职工——从厂长到工人既是劳动者又是管理者"[1];这从消极特质的角度来看简直是"错位""出格"乃至"僭越"。新破产法对劳动者形象的理解主要取自《劳动法》。与《全民所有制工业企业法》相比,该法的适用范围扩展到了各类企业;作为代价,不再设专章规定民主管理,也不再将民主管理界定为权利,只是在总则章略有提及。这种处理方式与新破产法如出一辙。就在新破产法出台的前一年,国务院劳动行政部门将"劳动者受用人单位的劳动管理"解读为劳动关系的核心特征。[2]"接受管理"而非"参与管理"、消极听令而非积极能动,才是劳动者的特质所在。

(二)劳动者的谋生特质

与旧破产法相比,新破产法的另一项重要变化在于破产企业劳动者的待遇:一方面,旧《破产法》第4条遭到删除,《国有企业职工待业保险规定》被《失业保险条例》取代,破产国企职工的待业救济被压低到和其他失业者一致的水平;另一方面,虽然

---

[1] 佟柔主编:《全民所有制工业企业法概论》,重庆出版社1988年版,第172页。
[2] 《劳动和社会保障部关于确立劳动关系有关事项的通知》第1条。

劳动债权的优先清偿地位仍在，但是起草者明确表示"这是根据现阶段我国企业的实际情况所作的规定"，属于权宜之计，"待这一规定实施一段时间，问题暴露再予讨论也无不可"，暗示了今后调整甚至废除现有制度的必然性。[1] 简言之，旧破产法出于补偿国企劳动者"超额贡献"而给予的优厚待遇，在新破产法看来或者已经过时或者即将过时。背后的逻辑是：在旧破产法出台20年后，曾经做出"超额贡献"的国企老职工已经基本退出劳动岗位；新破产法所适用的劳动者基本未做出过"超额贡献"，也就不再有权利获得"超额待遇"。奉献的特质正在远去和消退。新一代劳动者的行动和其他破产债权人一样，都遵循自利的逻辑，着眼于谋生的需求，对他们的债权加以"平等保护"或"同顺位清偿"似乎是必然的推论。即使仍然将劳动债权放在优先清偿的位置，也不是出于补偿的目的，而是对于弱者的特殊保护，甚至是履行国际公约的义务。[2]

（三）劳动者的无权特质

与旧破产法相比，新破产法的另一项重要变化在于民主管理

---

[1]《中华人民共和国企业破产法》起草组编：《〈中华人民共和国企业破产法〉释义》，人民出版社2006年版，第327—328页。

[2] 例如，国际劳工组织第173号公约《雇主破产情况下保护工人债权公约》第5条规定："在雇主破产情况下，应以优先权保护工人因其就业而产生的债权，以使工人能在非优先债权人获得其份额之前，从破产雇主的资产中获得偿付。"条约中译本见《中华人民共和国国务院公报》1994年第26期。不过，从国际劳工组织的记载来看，我国并未批准该公约，公约的批准国总数也只有21个。国际劳工组织网站，https：//www.ilo.org/dyn/normlex/en/f? p = 1000：11300：0：：NO：11300：P11300_ INSTRUMENT_ ID：312318（最后访问2020年8月24日）。

的淡化：一是民主对话的抑制。旧破产法上强制的、全程性的、双向的、甚至带有谦卑的交流被取消，职代会深度参与整顿的角色不复存在。二是民主效力的减低。重整计划草案表决时，职工只占一个组别，只要按照草案（宣称）可以全额清偿劳动债权，且"债务人的经营方案具有可行性"，即使职工组别拒不支持草案，法院也可强制批准（第87条），这令职工参与的实效顿减。三是民主功能的缩窄。新破产法与其说保障劳动者的民主参与权利，不如说保障劳动者在民主缺位、参与无门的状况下不受损害。例如，新法要求在提出破产申请时须提交职工安置预案，却并不支持劳动者参与讨论是否提出破产申请。民主管理的消退很可能是新破产法扩张适用范围的代价，这和前述积极特质的弱化是一致的。毕竟，宪法将使用"民主管理"一语的范围限定于国有企业和集体经济组织。然而，《宪法》第2条第3款所规定的、人民的经济事务管理权并不区分所有制，这一点恐怕被新破产法有意无意地搁置了。

（四）劳动者的受害者形象

将劳动者的消极、谋生和无权特质拼合起来，就形成了新破产法上的劳动者形象——受害者。在法律起草者的理解中，"受害者"是在何种意义上"受害"？问题的答案并非一目了然。首先，如果将"受害"等同于故意的加害，无论是企业所有者、管理者还是债权人，这么做的情形并不多见，即使发生也应该归入刑法或者侵权法来处理，而不是由破产法来出面。其次，如果将"受害"等同于利益的减损，那么不但劳动者是受害者，包括无法获得清偿的债务人、无法收齐税款的国家，乃至无法收回投资的所有人在内，破产的大多数利益相关方都算受害者，新破产法的保护就将失去焦点,也无法解释为何单单突出劳动者的受害者身份。[1] 更合理的解释是:劳动者之所以被当作受害者,是因为他们不仅在破产中利益受损,而且由于消极、谋生和无权的特质,比其他受损者更缺少减损的能力,处于最为弱势的地位。

劳动者的上述特质为什么会降低其减损的能力?其一,由于消极特质的存在,劳动者比所有者、经营者和其他债权人更缺乏自主脱困的能力。听令行事虽然未必心情舒畅,却是劳动者的习惯;一旦无人发令、指路、担责,劳动者顿时无所适从。其二,由于谋生特质的存在,劳动者比所有者、经营者和其他债权人更缺乏讨价还价的能力。在围绕企业破产财产展开的多方博弈中,劳动者既缺乏周旋的经验,也没有什么可以拿来交换的条件,与其说是棋手,不如说是棋子。其三,由于无权特质的存在,劳动者不能用民主管理权制衡企业的经营自主权及为破产成立的相关机构的权力。在高度组织化的商业社会里,劳动者缺乏自我组织,处在被强有力的组织各个击破的境地。曾经的特质被抽去之后,劳动者跌入受害者的地位,成为新破产法的重要保护对象。

值得一提的是,劳动者的消极、谋生和无权特质,全面反映了劳动关系的从属性。"从属性"在我国并非法律概念,但是为劳

---

[1] 争当"受害者"或"弱势群体"的倾向在社会上一直存在。例如,在平等就业法上,法律保护的受害者起初只包括由于民族、种族、性别、残疾和宗教信仰而受到歧视的劳动者,后来又增加了传染病病原携带者和户籍不在大城市者等,如今则有性向少数群体、低学历群体(或者"双非"高校毕业者等),甚至特定姓氏、星座、血型群体(例如姓氏与"赔"谐音者、AB型血者、处女座者)等要求入列。又如,"弱势群体"一语刚刚进入大众传媒时,曾有公务员、民营企业家等自称弱势群体,引起较大争议。

动法学界所普遍接受[1], 也获得了司法机关的一定认可。[2] 从属性有人身、经济和组织三个维度[3], 恰好与劳动者的消极、谋生和无权特质一一对应, 可谓有什么样的劳动关系就有什么样的劳动者。破产法与宪法至此会合, 共同指向宪法: 劳动者的受害者形象与劳动关系的从属性本质, 究竟有何宪法基础?

二、受害者形象的宪法根源

与明确宣示劳动者主人翁形象的做法不同, 宪法在字面上并没有将劳动者界定为"受害者", 但是在一系列条文中预设了劳动者消极、谋生和无权的特质, 从而在事实上承认了劳动关系的从属性与劳动者的受害者形象。这是新破产法的宪法基础。

首先, 宪法对于劳动者消极特质的预设体现在遵守劳动纪律的规定。《宪法》第 53 条将"遵守劳动纪律"列为公民的基本义务之一, 这表明服从管理、听令行事乃是劳动者的天职。值得一

---

[1] 参见常凯:《论个别劳动关系的法律特征——兼及劳动关系法律调整的趋向》, 载《中国劳动》2004 年第 4 期; 钟炜玲:《强弱之辨: 中国劳动法学理论中的"劳动者"》, 载《法律和社会科学》(第 17 卷第 1 辑), 法律出版社 2019 年版。

[2] 2017 年, 权威教材《劳动与社会保障法学》宣布"从属性是劳动法调整的劳动关系的本质性特征", 标志着从属性理论成为学界通说。《劳动与社会保障法学》编写组:《劳动与社会保障法学》, 高等教育出版社 2017 年版, 第 21 页。近年来, 从属性理论更进入人力资源社会保障部和最高人民法院联合发布的劳动人事争议典型案例, 成为判断劳动关系是否成立的"金标准"。人力资源社会保障部、最高人民法院《关于联合发布第一批劳动人事争议典型案例的通知》(人社部函 [2020] 62 号) 案例 1、案例 3。

[3] 参见田思路:《工业 4.0 时代的从属劳动论》, 载《法学评论》2019 年第 1 期。

提的是，遵守劳动纪律并不意味着完全否定劳动者的积极特质，而只是将劳动者的能动性、创造性置于遵守纪律的大前提之下，为积极特质划定边界。劳动者的积极特质与消极特质在宪法上是并存的，新旧破产法只是选择了不同的侧重而已。

其次，宪法对于劳动者谋生特质的预设体现在保障劳动权益的规定。这些规定耳熟能详，是宪法学界研究劳动问题的主要对象，包括第42条第1、2、4款关于国家促进劳动就业、加强劳动保护、提高劳动报酬的义务的规定，以及第43条和第44条关于劳动者休息（包括休养、休假、退休）制度的规定。从劳动权益还引申出社会保障权益，这既体现在第45条所规定的获得物质帮助权，也反映在第14条第4款关于国家建立社会保障制度的规定。劳动者谋生不易，国家通过保障劳动和社会保障权益，为劳动者的生计托底。此时，超越生计目标的奉献性劳动，就暂时隐退到宪法的关切之外。

再次，宪法对于劳动者无权特质的预设体现在承认企业自主经营权的规定。第16条第1款和第17条第1款分别规定了国有企业和集体经济组织的自主经营权，这为两个条文第2款所规定的劳动者民主管理权设定了前提。根据《现代汉语词典》，所谓"自主"，就是"自己做主"。[1] 国有企业和集体经济组织的管理者占据了当家作主的地位，这无形中否定了劳动者的主人翁形象。管理者垄断了经营权，不仅国家不能非法干预，劳动者也无权越俎代庖，其民主管理权更多具有咨商性质，达不到共决（co-determination）的程度。当然，正如宪法关于劳动者消极特质的规定并不

---

[1] 中国社会科学院语言研究所词典编辑室编：《现代汉语词典》（第7版），商务印书馆2016年版，第1741页。

否定劳动者也具有积极特质，上述规定也并非将劳动者的民主管理权一笔抹杀。再一次地，新旧破产法各取所需，选择了宪法塑造的劳动者特质的不同侧面。

总之，宪法不仅塑造了劳动者积极、奉献和有权的特质，承认了劳动者的主人翁形象，而且相应确立了劳动者消极、谋生和无权的特质，默认了劳动者的受害者形象。两类特质、两种形象看似相互矛盾，它们之间的联系却非常密切，甚至规定在同一条文之中，例如第16条、第17条和第42条，这恐怕并非偶然。宪法将两类特质、两种形象视作"劳动者"这个基本范畴的一体两面，它们之间不仅具有张力，而且相互依存。如何将这种对立统一的关系落到实处，避免劳动者形象的片面化，则是包括破产法在内的部门法的重要课题。

新旧破产法上劳动者形象的特质及其宪法基础总结如下表：

旧破产法上的主人翁形象			新破产法上的受害者形象（从属性）	
特质	宪法基础		特质	宪法基础
积极	第14条第1款	v.	消极（人身从属性）	第53条
奉献	第42条第3款		谋生（经济从属性）	第14条第4款，第42条第1、2、4款，第43条至第45条
有权	第2条第3款、第16条第2款、第17条第2款		无权（组织从属性）	第16条第1款、第17条第1款

自从旧破产法出台以来，破产法从宪法中汲取养料，移植了宪法上的劳动者形象，体现了宪法对于部门法的指导作用；破产法的规定也令劳动者的形象更加丰满和真实，让宪法的愿景不再停留于纸面，体现了部门法对于宪法的反哺作用。指导与反哺的

良性互动,实现了宪法与部门法的双赢,维护了宪法孜孜以求的"社会主义法制的统一和尊严"(第5条第1款)。展望这一互动的前景,两大挑战不容忽视:其一,破产法存在与宪法"脱钩"的风险。一种声音从根本上质疑破产法上建立劳动者形象的必要性,将劳动者降格为劳动力的载体,将劳动力降格为与土地、资本等无二的生产资源,主张"平等保护"。依这种观点看来,破产的过程就是破产企业各种资源的盘活和重组,资源配置的效率应当成为破产法的唯一追求,至于劳动者的尊严、生计之类则都应当抛诸脑后。这种观点激烈抵触宪法,是不可取的。劳动力固然是资源(人力资源),但劳动者是人,他们不仅具有经济属性,更具有人格属性,并且进一步地具有政治属性。劳动者的"去人格化"不仅将严重损害其权益,而且会动摇劳动人民当家做主的国体,对此不可不提高警惕。其二,破产法存在落实宪法"偏颇"的风险。一种声音从根本上否定劳动者的主人翁形象,片面地将受害者视作宪法与破产法对于劳动者的唯一定位。依这种观点看来,所谓主人翁形象及其对应的积极、奉献和有权特质都属于空想,至多可算是过时的做法,应当加以摒弃。然而,主人翁形象的宪法基础从未废除,而是宪法文本中的真实存在,否定这一形象就相当于漠视宪法文本的一部分,从而否定宪法文本作为自足、自洽的整体的属性,这在解释学上非常可疑。不能用删改宪法的方式解决宪法的内在矛盾。相反,宪法中的此类矛盾数不胜数,而矛盾作为事物发展的动力,也推动宪法与时俱进,生生不息。破产法应当加入解决这一矛盾的努力之中,不断探索两种劳动者形象的合题之路。这是本章的基本结论。

附文

附文一 《宪法》第14条、第42条、第43条评注

一、《宪法》第14条评注

国家通过提高劳动者的积极性和技术水平,推广先进的科学技术,完善经济管理体制和企业经营管理制度,实行各种形式的社会主义责任制,改进劳动组织,以不断提高劳动生产率和经济效益,发展社会生产力。

国家厉行节约,反对浪费。

国家合理安排积累和消费,兼顾国家、集体和个人的利益,在发展生产的基础上,逐步改善人民的物质生活和文化生活。

国家建立健全同经济发展水平相适应的社会保障制度。

(一) 概述

《宪法》第14条规定了国家重要的经济政策。它和第6条至第13条规定的所有制及分配制度、第15条规定的计划经济制度,

以及第 16 条至 18 条规定的公有制企业和外资企业制度一道,构成宪法对于我国社会主义经济制度的基本规定。

第 14 条的主题是生产和生活。其中,第 1 款和第 2 款主要规定了发展生产的措施,以第 1 款为主,第 2 款由第 1 款衍生而来;第 3 款和第 4 款主要规定了处理生产与生活关系的措施,以第 3 款为主,第 4 款由第 3 款衍生而来。第 1 款至第 3 款的内容在宪法制定时即已确定;第 4 款系 2004 年修宪时,以《宪法修正案》第 23 条的形式增写进宪法正文。

(二)第 14 条第 1 款和第 2 款

《宪法》第 14 条第 1 款规定了发展生产的措施,其内容为:"国家通过提高劳动者的积极性和技术水平,推广先进的科学技术,完善经济管理体制和企业经营管理制度,实行各种形式的社会主义责任制,改进劳动组织,以不断提高劳动生产率和经济效益,发展社会生产力。"

发展生产的条款在宪法上由来有自。其前身为"五四宪法"第 15 条:"国家用计划经济指导国民经济的发展和改造,使生产力不断提高,以改进人民的物质生活和文化生活,巩固国家的独立和安全。""七五宪法"第 10 条:"国家实行抓革命,促生产,促工作,促战备的方针,以农业为基础,以工业为主导,充分发挥中央和地方两个积极性,促进社会主义经济有计划、按比例地发展,在社会生产不断提高的基础上,逐步改进人民的物质生活和文化生活,巩固国家的独立和安全。""七八宪法"第 11 条第 1 款"国家坚持鼓足干劲、力争上游、多快好省地建设社会主义的总路线,有计划、按比例、高速度地发展国民经济,不断提高社会生产力,以巩固国家的独立和安全,逐步改善人民的物质生活和文化生活。"

将第 14 条第 1 款与其前身各条款相比，可以看到差异所在，这些差异或说宪法变迁之处彰显了该款的规范含义。首先，关于如何衡量社会生产力的发展，第 14 条第 1 款率先提出以劳动生产率和经济效益作为标准。在此之前，生产力的发展往往与生产规模的扩大画等号，重量不重质、重投入轻产出的倾向比较严重。其结果，一是劳动生产率仍然偏低。与发达国家相比，我国主要工农产品单位产量所占用的劳动力数量明显偏多。这不仅束缚了劳动力，也阻碍了劳动者劳动报酬和生活水平的提高。二是企业经济效益较差，国家财政为贴补企业亏损而背上了沉重的负担。在这种情况下，我国经济改革特别是城市改革选择了劳动生产率和经济效益作为重要的突破口。所谓劳动生产率，是指劳动者的生产效果或能力，通常是用劳动者在单位劳动时间内所生产的产品数量计算，或是用单位产品所耗费的劳动量计算。劳动生产率的增长意味着劳动的节约，以低投入获得高产出。另一方面，劳动的产出还要能够满足社会需求，这种满足度越高，经济效益也就越高。因此，第 14 条第 1 款的规范意义首先在于：衡量生产力的发展要以劳动生产率和经济效益为标准，而不能简单地以产能的扩大、投入的增多为标准。当然，怎样衡量经济效益是一个相当复杂的问题。在市场经济条件下，将企业的利润水平作为经济效益的指标，是一个简便的做法，但是这种做法也有局限。比如，在自然垄断的行业或价格管制的行业，企业利润并非完全由市场行为所产生和决定，利润水平的含义较受局限。又如，对于公有企业特别是国有大中型企业来说，在利润之外还肩负着许多社会性职能。这些职能的履行能否及如何整合进经济效益的概念之中，也存在不少争议，还需要继续探讨。

其次，关于如何促进生产力的发展，第 14 条第 1 款率先提出了四个措施，即推广科学技术、改进管理体制、实行责任制、改进劳动组织。这些措施都是前身条款当中所没有的，它们反映了经济体制改革的初步成果。在这个意义上，第14条第1款是名副其实的改革条款。有了这些内容，虽然1982年制宪时尚未变更计划经济体制，但是改革已经获得了宪法的认可，从而拥有了更加巩固和广阔的空间。第14条第1款所承认的4项措施，一是推广科学技术。将科学技术与生产力联系起来，承认科学技术是生产力甚至第一生产力，是结束动荡以后的新提法。既然承认科学技术是生产力，就意味着要尊重知识，尊重人才，发挥知识分子的作用，这在当时具有拨乱反正的重大意义。二是改进管理体制，这既包括国家的宏观经济管理体制，也包括企业的微观经营管理制度。从发展生产的需要出发，改进管理体制的主要内容至少包括：扩大企业的经营管理自主权，这也反映在《宪法》第16条和第17条之中；完善分配体制，例如20世纪七八十年代之交恢复了奖金和计件工资制度，提高了劳动者的积极性，建立了企业利润留成制度，提高了企业的积极性，等等。总体而言，就是改变统得过死的局面，并且允许采取物质激励措施。随着改革开放的推进，管理体制改革又加入了建立宏观调控体系，以及引进先进管理办法和措施等内容。三是实行责任制。所谓社会主义责任制或说经济责任制，是指社会主义经济生活中，国家、集体和个人相互之间承担义务和责任的制度。它包括国家和企业之间的经济责任制，企业相互之间的经济责任制，以及企业内部的经济责任制。经济责任制是同物质利益原则、同奖励和惩罚相联系的，它具有法律上的效力，并由司法保障。在当时，经济责任制主要针对的是两个现象，即生产积极性不高和劳动纪律不严。实施经济责任制以后，劳动者的劳动水平和企业经营状况与物质利益实现挂钩，提高了生产积极性；不严格遵守劳动纪律的情况构成对责任制的违反，将会受到惩罚，使得企业面貌有一定改善。经济责任制在城市表现为经济合同等形式，在农村则表现为联产承包责任制，该制度于1993年以"宪法修正案第6条"的形式写入了《宪法》正文。四是改进劳动组织。所谓劳动组织，主要是指企业内部的一些管理制度，例如劳动定额、岗位和机构的设置，以及劳动纪律等。它可以看作责任制和管理体制的一个具体内容。因此，第14条第1款的规范含义还在于：必须坚持以改革为发展生产的手段，而不能否定改革，更不能走回头路。

《宪法》第14条第2款规定了节约措施，其内容为："国家厉行节约，反对浪费。"该条款在之前的宪法文本中基本没有类似表述，仅在"七八宪法"第11条提到了"多快好省地建设社会主义的总路线"。这里的"省"字可以认为具有节约的含义。但是，"七八宪法"将"省"排在"多快好"之后，显然并将节约看作高顺位政策。相比之下，现行宪法将节约措施单独规定为一款，并且不再重复"多快好"的政策，对节约格外重视。之所以如此，是因为当时在生产中存在严重的浪费现象。这种浪费是由许多原因造成的。比如，设计规划当中的失误，致使许多工程仓促上马，收效低下，甚至建成之后即告废弃；又如，不注重生产效益的核算，片面以投入大小论生产力高低，导致高投入低产出；再如，生产纪律不够严格，生产规范程度不够，导致操作中的浪费，等等。在我国经济尚不发达、物质条件还不充裕的情况下，浪费所造成的后果尤为严重，因此有必要将厉行节约和反对浪费的政策突出来。可见，第14条第2款的规范含义为：应当将节约政策置于优先位置，而不能将它放在扩大生产规模和提高发展速度之后。

无论从目的还是手段来说，第14条第2款都是第1款的衍生品。就目的而言，节约的目的是提高生产率，改善经济效益，最终还是为了更高质量地发展生产力。就手段而言，只有通过推广科技、改进管理、建立责任制和改进劳动组织，才可能实现节约。所以，本条的第 1 款和第 2 款应当视为一个整体，可称为发展生产条款。

（三）第 14 条第 3 款和第 4 款

《宪法》第 14 条第 3 款规定了处理生产与生活关系的措施，其内容为："国家合理安排积累和消费，兼顾国家、集体和个人的利益，在发展生产的基础上，逐步改善人民的物质生活和文化生活。"

生产与生活的关系是宪法上的重要主题，其前身条款为："五四宪法"第 15 条、"七五宪法"第 10 条、"七八宪法"第 11 条第 1 款（前文均已引述）。与这些前身条款相比，第 14 条第 3 款强调了改善民生必须以发展生产为基础，这也是前身条款当中共同突出的规范含义。而第 14 条第 3 款的独特之处则在于提出了处理两个关系，即积累与消费的关系和国家、集体与个人的利益关系。

首先是积累与消费的关系。所谓积累，是指把物质生产部门所创造的一部分纯收入用来扩大再生产，发展非生产性的基本建设和建立物资后备。积累是扩大再生产的源泉，也是社会发展的必要条件。所谓消费，包括生产消费和个人消费。生产消费是指生产过程中工具原料和燃料等生产资料和活劳动的消耗，它本身包含在生产之中；个人消费是指人们为满足个人生活需要而消费各种物质资料和精神产品。通常所说的消费是指个人消费，它是恢复和发展劳动力所必不可少的条件，因而也是保证生产过程不断进行的前提。在现行宪法制定以前，我国既有过片面强调积累、压低消费的教训，也有过度消费、影响扩大再生产的现象存在。

特别是在所谓"大跃进"时期，积累与消费比例严重失调，积累虽然规模大但效益低，而消费过低则严重影响了民生。动荡时期结束以后，国家首先采取调整工资等方式扩大消费，改善民生；还放宽企业自主权，使得企业能够在更大范围内分配个人消费基金。这些措施是必要的，但也产生了滥发奖金等现象。可见积累和消费应当获得合理安排，不能偏废，这是第14条第3款的规范含义之一。其次是国家、集体与个人利益之间的关系。这里的集体不仅包括农村的集体经济组织，而且包括企业。承认国家、集体与个人之间存在利益分别，就意味着否定了将三者利益混同而论、不尊重集体和个人特有利益的观点；也意味着承认了集体在国家与个人之间作为独立的利益主体的地位。由此产生了所谓两级分配的问题：国家对集体的分配，和集体对个人的分配。在两个分配关系当中都需要兼顾分配者与分配对象的利益，这是第14条第3款的另一个规范含义。

《宪法》第14条第4款规定了社会保障制度，其内容为："国家建立健全同经济发展水平相适应的社会保障制度。"该条的内容与第45条第1款存在相当重合，第45条第1款所指的社会保险和社会救济就是第14条第4款上社会保障制度的主要内容。之所以在45条第1款之外，另行制定第14条第4款，主要原因有两点：一是扩充第45条第1款的保障范围，即除公民年老、疾病或丧失劳动能力这三种情况以外，诸如失业等情形也要纳入社会保障的范围；二是强调社会保障必须与经济发展水平相适应。后者是第14条第4款的主要规范含义所在，即社会保障水平既不能超出经济发展水平，也不能落后于经济发展。习近平同志指出，如果搞"过度福利化，用过度承诺讨好民众，结果反而导致效率低下、增长停滞、通货膨胀，收入分配最终反而恶化。我们要坚持从实际出发，收入提高必须建立在劳动生产率提高的基础上，福利水平提高必须建立在经济和财力可持续增长的基础上"（《在中央经济工作会议上的讲话》，2015年12月18日）。

社会保障制度是处理国家、集体与个人关系的一种手段，特别是养老保险基金采取国家、用人单位和劳动者共同出资和筹款方式，可见第14条第4款是由第3款衍生而来，它们应当视为一个整体，可称为生产生活关系条款。

二、《宪法》第42条评注

中华人民共和国公民有劳动的权利和义务。

国家通过各种途径，创造劳动就业条件，加强劳动保护，改善劳动条件，并在发展生产的基础上，提高劳动报酬和福利待遇。

劳动是一切有劳动能力的公民的光荣职责。国有企业和城乡集体经济组织的劳动者都应当以国家主人翁的态度对待自己的劳动。国家提倡社会主义劳动竞赛，奖励劳动模范和先进工作者。国家提倡公民从事义务劳动。

国家对就业前的公民进行必要的劳动就业训练。

（一）概述

《宪法》第42条规定了公民的劳动权利和义务。它和第43条规定的休息权、第44条规定的退休权、第45条规定的获得物质帮助权及特殊群体保障权一起，构成了宪法劳动制度的主体内容。

第42条的主题是劳动权利和义务。它分为4款：第1款宣示了劳动权利和义务的统一性；第2款规定了国家在实现公民劳动权利方面的主要职责，从而间接确立了劳动权利的外延；第3款规定了公民的劳动觉悟；第 4 款规定了劳动就业训练制度，兼具劳动权利和义务的侧面。本条的内容在宪法制定时即已基本确定，仅在 1993 年时以"宪法修正案第 10 条"的形式，将第 3 款中的"国营企业"修改为"国有企业"。

（二）第 42 条第 1 款、第 2 款和第 4 款

第 42 条第 1 款、第 2 款和第 4 款主要规定了公民的劳动权利。第 42 条第 1 款规定："中华人民共和国公民有劳动的权利和义务。"劳动权利是公民权利的重要内容，其前身为："五四宪法"第 91 条第 1 句"中华人民共和国公民有劳动的权利。""七五宪法"第 27 条第 2 款第 1 句："公民有劳动的权利。""七八宪法"第 48 条第 1 句："公民有劳动的权利。"

关于公民劳动权利的含义有三个主要争论。第一，公民劳动权利是否意味着国家保障就业？"五四宪法"第 91 条规定，国家要逐步扩大劳动就业，以保证公民享受劳动的权利；"七八宪法"第 48 条将相关表述调整为，国家根据统筹兼顾的原则，安排劳动就业，以保证公民享受这种权利；现行《宪法》第 42 条第 2 款则规定："国家通过各种途径，创造劳动就业条件。"从上述宪法变迁来看，五四宪法时国家并不负有保障就业的义务，仅负有就业促进的义务；而"七八宪法"时国家则承诺保障就业；到"八二宪法"时，国家角色还原到促进就业而非保障就业。现行《宪法》的这一调整是符合我国社会实际情况的。对于社会主义制度下的失业现象，我国经历了从不予承认到变相承认（例如以"待业""下岗"等称呼）、再到正式承认的过程，并采取失业保险和失业救助等方式加以保障。为了履行促进就业的职责，国家制定了《就业促进法》，建立了失业保险制度和失业救助制度。

第二，公民劳动权利是否包含自主择业权？换言之，公民的

劳动权是否具备自由权的维度？现行宪法制定时，我国"大一统"的就业局面正在逐步打破，包括劳动者自行组织起来就业等新的就业形式获得了承认，成为解决城市就业问题的重要途径。可见从立法本意上来说，公民劳动权利并不排斥自主择业权。1990年代初，我国实行劳动体制改革，建设劳动力市场，制定《劳动法》。其第3条规定，劳动者享有平等就业和自主择业的权利。这包含了行宪机关对于劳动权利意涵的认知。就《宪法》第42条第2款所设定的国家在就业促进上的角色而论，其不仅与公民的自主择业权不相矛盾，而且以公民自主择业作为前提。因此应当认为，公民劳动权利包含自主择业权。进一步地，学说上有认为，公民劳动权利不仅包括自主择业权，还应当包括营业自由，即开办企业、经营个体工商户的自由权。这一学说的主要问题在于，"营业"在现行宪法上的内涵很可能超出劳动的范畴；经营者特别是持有资本的经营者更可能被划入社会主义事业的建设者，而非劳动者的范畴。此外，营业自由也可以从宪法对于私营经济的承认和保护上推导而出。因此，不宜认为公民劳动权利包含营业自由。

第三，公民劳动权利的体系构成问题。"五四宪法""七八宪法""八二宪法"在规定公民劳动权利时，采取了类似的规范结构，均首先设定公民劳动权利，之后以列举国家义务的方式来明确劳动权利的外延，建立劳动权利体系。根据"五四宪法"第91条，公民的劳动权利应当包括劳动就业权、获得劳动条件和工资待遇的权利；根据"七八宪法"第48条，公民的劳动权利包括劳动就业权、获得劳动报酬和劳动条件的权利、获得劳动保护的权利，以及获得集体福利的权利；到了"八二宪法"，第42条第2款规定了劳动就业的权利、获得劳动保护的权利、获得劳动条件的权利，以及获得劳动报酬和福利待遇的权利，第4款还规定了获得就业训练的权利。显然,劳动权利是一个权利束,其外延随着宪法的变迁而不断扩展。这也反映了我国作为社会主义国家的建设成就。此外,《宪法》43条规定的休息权和44条规定的退休权,也都处在劳动权利的体系之内。

第42条第1款还规定了公民的劳动义务。其前身为劳动改造条款。"五四宪法"第19条第2款规定:"国家依照法律,在一定时期内剥夺封建地主和官僚资本家的政治权利,同时给以生活出路,使他们在劳动中改造成自食其力的公民。""七五宪法"第14条第2款规定:"国家依照法律,在一定时期内剥夺地主、富农、反动资本家和其他坏分子的政治权利,同时给以生活出路,使他们在劳动中改造成为守法的自食其力的公民。""七八宪法"第18条第2款规定:"国家依照法律剥夺没有改造好的地主、富农、反动资本家的政治权利,同时给以生活出路,使他们在劳动中改造成为守法的自食其力的公民。"上述条款的逻辑在于:不劳动则无公民权。换言之,劳动是取得公民资格的条件,公民因而负有劳动的义务。这是现行宪法规定公民劳动义务的基本逻辑。

对于公民劳动义务的理解,必须参照宪法其他条文。一是宪法中关于剥削的规范。根据宪法序言,除了劳动者以外,社会主义事业的建设者已经成为统一战线的一部分,是团结而非改造的对象。社会主义制度已经消灭了剥削阶级和剥削制度,但是对于剥削分子和剥削现象并没有采取一概不予容忍的态度。这意味着"不劳动就要改造"的观点已不成立。二是宪法中对于丧失劳动能力者的规定,主要体现在《宪法》第45条,包括国家要为丧失劳动能力的人提供物质帮助、保障残废军人的生活、帮助安排残疾公民的劳动生活和教育。这都表明劳动义务的承担是以劳动能力的存在为前提的。三是关于按劳分配的规定。现行宪法取消了

"七五宪法"和"七八宪法"上关于"不劳动者不得食"的规定，还在坚持以按劳分配主体的前提下，实施多种分配方式并存。这意味着"不劳动就不能参加分配"的观点也不成立。上述三方面规定都对公民劳动义务施加了限制。

迄今，公民劳动义务条款的规范意义主要在于三点：第一，公民有义务接受国家所进行的必要的劳动就业训练。这也是第42条第4款的题中之义。第二，公民在获得国家的失业救助和失业保险待遇时，需要履行积极寻求再就业的义务，例如接受国家安排的再就业训练、到国家指定的岗位就业等。第三，犯罪的公民有义务接受国家的劳动改造。

（三）第42条第3款

第42条第3款规定了公民的劳动觉悟，其内容为："劳动是一切有劳动能力的公民的光荣职责。国有企业和城乡集体经济组织的劳动者都应当以国家主人翁的态度对待自己的劳动。国家提倡社会主义劳动竞赛，奖励劳动模范和先进工作者。国家提倡公民从事义务劳动。"社会主义制度下，劳动性质较之先前社会有着重要的差异，劳动者对此应有所体认，从而建立起新的劳动价值观，这是历次制定宪法的重要主题。第42条第3款的前身为"五四宪法"第16条："劳动是中华人民共和国一切有劳动能力的公民的光荣的事情。国家鼓励公民在劳动中的积极性和创造性。""七八宪法"第10条第2款："劳动是一切有劳动能力的公民的光荣职责。国家提倡社会主义劳动竞赛，在无产阶级政治挂帅的前提下，实行精神鼓励和物质鼓励相结合而以精神鼓励为主的方针，鼓励公民在劳动中的社会主义积极性和创造性。"

与前身规定相比，第42条第3款主要有两点变化。一是不再将劳动者的劳动觉悟与生产积极性联系在一起。"五四宪法"的逻辑是"劳动者因有觉悟而积极生产"。到了"七八宪法"时,虽然仍坚持这一逻辑,但是不再将调动生产积极性的希望完全寄托在精神层面,而是补充了物质鼓励的原则。到了"八二宪法",调动生产积极性的内容被移到了第14条第1款,不再与劳动觉悟挂钩。这种调整是符合社会主义初级阶段的社会实际的。通过提高觉悟来激励劳动者努力生产,对于少数先进分子可行,对于广大普通劳动者则未必可行;在特殊时期和状态下可行,在平常时期和状态下则未必可行。那种一味强调政治挂帅、突出精神作用、忽视物质鼓励的做法,是不符合第42条第3款的规定的。

二是规定了提高劳动者觉悟的具体措施,即国家提倡劳动竞赛("七八宪法"里亦有此内容),奖励劳模和先进,以及提倡义务劳动。这些措施的共同前提是劳动者认识到自己的劳动具有为公共利益服务的性质。对于公有制经济下的劳动者来说,他们不仅处于从属性的劳动关系之中,而且由于所有制的缘故,还应当比其他经济成分下的劳动者更加积极地参与企业民主管理,担当宪法上所说的国家主人翁。普通劳动者的民主管理权规定在《宪法》第2条第3款:"人民依照法律规定,通过各种途径和形式,管理国家事务,管理经济和文化事业,管理社会事务。"而在公有制经济下,劳动者的民主管理权要在此基础上更进一步,以42条第3款为基础。为了对上述宪法规定加以落实,我国《全民所有制工业企业法》规定了远比《公司法》更为强有力的民主管理制度。同时,社会主义的劳动也不仅仅是为了谋生的需要,而是为了增强社会主义国家的综合国力,巩固人民民主专政的社会制度。正是在这个意义上,社会主义劳动竞赛并不是比拼挣钱的多少,而是较量通过生产对社会作出贡献的大小,这对于矫正"一切向前看"的不良风气具有重要意义;社会主义的劳动模范和先进工作者也并不只是业务最精、能力最强的劳动者，而是能够舍小我、顾大我的无私奉献的人；公民从事义务劳动（此处的"义务"并非与"权利"相对称，而是"无报酬"的意思）也并不只是慈善行为，而是通过劳动为自己当家作主的国家作出贡献。劳动觉悟虽然不能强求所有劳动者都马上具备，却是国家应当提倡的。据此，《宪法》第42条第3款的规范含义还在：国家应当提倡劳动觉悟，而对于缺乏觉悟的行为虽然可以容忍，却不得提倡。

三、《宪法》第43条评注

中华人民共和国劳动者有休息的权利。

国家发展劳动者休息和休养的设施，规定职工的工作时间和休假制度。

（一）概述

《宪法》第43条规定了公民的劳动休息权，它是第42条所建立的公民劳动权利体系的一部分，可以看作第42条的延伸。本条的内容在宪法制定时即已确定。

（二）第43条第1款

本条第1款宣示了公民的休息权。其前身条款为"五四宪法"第92条第1句："中华人民共和国劳动者有休息的权利。""七五宪法"第27条第2款第2句前半句："劳动者有休息的权利……""七八宪法"第49条第1句："劳动者有休息的权利。"现行《宪法》与前身条款的规定基本相同，其规范意义在于：休息权的享有要以劳动为前提。

（三）第43条第2款

为了保障公民的休息权，本条第2款，规定了国家两方面的义务：一是保证休息时间，二是提供休养设施。这些规定与前身条款基本相当。"五四宪法"第 92 条第 2 句规定："国家规定工人和职员的工作时间和休假制度，逐步扩充劳动者休息和休养的物质条件，以保证劳动者享受这种权利。""七八宪法"第 49 条第 2 句规定："国家规定劳动时间和休假制度，逐步扩充劳动者休息和休养的物质条件，以保证劳动者享受这种权利。"

为了保证休息时间，国家要建立工时制度、休息制度和休假制度。这些制度都是劳动法特别是劳动基准法的重要内容。我国劳动者的休息时间是随着经济发展而逐步延长的，目前实行每天不超过 8 小时、每周不超过 40 小时的标准工时制。法律对于工时的延长即加班加点作出了严格的限制。休息制度则与工时制度相对应。而休假制度较为复杂：某些休假特别是病假典型地反映了公民的休息权，是为了恢复劳动力而设置的；其他休假制度则与休息权关系较为松散。例如，节假制度带有尊重习俗、纪念重要史事的政治含义；年假制度带有促进经济发展、拉动消费的政策含义；产假制度具有鼓励生育、保护妇女儿童的含义，和《宪法》第 49 条关于保护母亲和儿童的规定关系较为密切；一些事假制度，例如参与工会活动、担任证人、参加劳模表彰会的事假制度，则具有保障公民行使权利、促进民主管理和提高劳动觉悟的意义。

第 2 款所规定的劳动者休息和休养的设施应当做特定化理解，主要是指专门修建的职工疗养院等机构，普通的酒店、餐馆、电影院等文化娱乐设施不在此列。这些机构的建设应当根据政府财政状况量力而为，重点保障劳动模范、先进工作者和从事对身体有一定伤害的劳动的劳动者的休养需要，同时加强服务的普惠性，避免出现体制内外的差异。

附文二 中国劳动宪法的兴起[*]

我要讲的题目是：中国劳动宪法的兴起。

我们生活在一个重新发现中国宪法的时代。人们重新审视宪法在公共生活中的地位，期待依宪治国始于足下、宪法愿景落到实处。人们重新打量熟悉又陌生的宪法文本，寻找指针，纾解心结，公议国是，寻求共识。

我们又生活在一个重新发现中国劳动的时代。劳动，逐渐从改革的边缘走向中心，卷入风暴。面对愈演愈烈的劳资冲突，面对国家、资本与劳动的宏大棋局，劳动法孤立无援，越发力不从心。

怎么办？学者们提出了支持劳动法的方案。他们呼吁"重新认识中国劳动人民"；要求正视劳动与民主的关联，防止"代表性的断裂"；主张理解并且尊重那些国歌——而不是劳动法——赋予劳动者的自由。凡此种种，归结起来，都力图用宪法支撑劳动法，促成宪法与劳动的相遇。

但是，这场相遇比预料的要困难。虽然劳动这个术语在宪法

---

[*] 本文是2015年11月28日在第7届政治、法律与公共政策年会上的主旨演讲。

文本上出现了超过三十次，但是专门谈劳动的宪法学论著不多。虽然《劳动法》开篇就宣示以宪法为立法依据，但是这个条款几乎被忘记，绝少被提起。

为什么？为什么在一个强调文本解释的时代，文本反而偏出了学术的焦点？

不是文本出了问题，是我们的想象力出了问题：

——人们被"人力资源和社会保障部"的名称给误导了，当真以为劳动只是一种经济资源，和土地、钢铁、电力没啥两样。劳动的占有是物权法，劳动的买卖是债权法，这些大概都不需要宪法出马就能解决。

——人们也被"马布里诉麦迪逊"或者"布朗诉教育委员会"的传奇给误导了，当真以为宪法里包含着独一无二的绝对真理，只要睿智的大法官考究某个条文的深意，所有问题就一定会迎刃而解。既然没有建立司法审查制度，考究宪法深意就等于空谈。再说，也没什么深意可考：反正，宪法里列举的劳动权，劳动法里也都写了，甚至写得更多，有谁不明白呢？

正是因为想象被束缚了，宪法和劳动才迟迟不能相遇。为了依宪治国，中国宪法需要这场相遇；为了走出困境，中国劳动法也需要这场相遇。而为了促成这场相遇，我们要展开想象的翅膀，重新理解宪法：

——新的宪法观，不再执着于司法中心主义，直面我国以立法来行宪的经验。甚至，当一部行政法规开宗明义地以宪法条文为依据时，它的行宪价值也应该被肯定。时代在发展，越来越多的公民以宪法话语主张自身利益，以宪法诉求动员社会支持，以宪法讨论介入立法和政策制定过程。他们在行宪中的地位同样需要认知。唯有如此，才能理解劳动立法对于宪法实施的重要意义，才能理解劳权运动与宪法运动的契合之处。

——新的宪法观，不再从宪法中寻求唯一答案，正视宪法内部的张力与流变。改革年代的中国宪法，承载了重大国是的探索、转向和遗产，堆叠而成复杂的层累结构。历史总是复线发展，复线的历史必然产生复调的宪法，这在中国应该被承认为现实。唯有如此，才能理解宪法时而将经济效率设置为劳动的单一目标，时而又赋予劳动以厚重的、与经济效率不无冲突的价值。

——新的宪法观，不再拘泥于单个条文的解释，还原我国宪法文本注重体系、相互呼应的特征。唯有如此，才能把眼光放到劳动权利条款之外，理解劳动在经济分配、政治身份、社会生活等方方面面的角色，并进而将这些角色整合起来，理解劳动对于宪法的意义。

劳动对于宪法意味着什么？在新宪法观的审视下，劳动，绝不仅仅是宪法劳动权的内容，更不仅仅是劳动契约的标的。中国宪法建立了对于劳动的系统理解。在宪法看来，劳动是公民身份的基础，公民的政治、经济、文化权利，乃至光荣与热爱、或者说价值观念，都以劳动为前提，劳动——支撑起了宪法公民的躯体。并且，劳动分配是支撑经济制度的重要方面，劳动民主是人民民主的重要载体，劳动组织是提升经济效率的重要依托，劳动纪律是维持社会秩序的重要支柱，劳动——支撑起了宪法国家的大厦。离开了劳动，发展、创新、民主、秩序等根本宪法价值就无法实现，中国宪法就不复存在。劳动既成就了公民的人格，又成就了共和国的国格。我们的宪法，是一部中国劳动宪法。

运用新宪法观，建立新劳动观，并代入中国劳动法治的重大争论，可以获得许多新的启示。至少，在担心劳资集体协商损害经济增长时，应该看到集体协商弥补了社会民主的"赤字"；在赔偿就业歧视受害者的经济损失时，应该看到他们在经济以外所遭受的剥夺；在确定各种福利的发放条件时，应该看到宪法对于有劳动能力者所施加的劳动义务，等等。在新劳动观的关照之下，中国究竟应该建立一个福利国家还是一个自由放任的国家、劳动法究竟应该单纯保护劳方还是同时保护劳资双方，这些问题都有新的答案：一切以落实宪法劳动制度为准。

这些答案不一定是对的。对于宪法来说、对于劳动来说，一场相遇并不能解开彼此的全部困惑：我们不可能从宪法中获得劳动问题的全部答案，我们也不可能仅凭劳动就洞察依宪治国的全部道路。然而，重要的是探索答案的方式。只有在相遇之中，宪法和劳动才能重新理解对方、重新理解自己。正像诗里说的："一切都是熟悉的／一切又都是初次相逢／一切都理解过／一切又都在重新理解之中"[1]。我相信，这样一场相遇，必将引领中国劳动宪法的兴起。

---

[1] 苏力：《送法下乡——中国基层司法制度研究》，中国政法大学出版社2000年版，第V页。

附文三　劳动法是一场代际对话*

一

我们的课程经过将近四个月的跋涉，即将到达终点。这是我第五遍讲授劳动法的基础课，无论是规则、理论，还是实例甚至段子，都已经了然于心，大抵算是走完了把书从"厚"读"薄"的过程。相信同学们也意识到了，如果把劳动法的基本知识总结成思维导图，大概一页纸就可以画全。即将到来的期末考试中将有60分题目从这张虚拟的导图中命制。然而，海面的宁静只是表象，其下的暗流之复杂、之湍急、之碰撞，才是劳动法的真相。正如霍姆斯在《法律的道路》中所说，"确定通常是一种幻想，而安宁也不是人的命运"。这门课程之所以没有在3学时之内结束，而是长达48学时，就是为了帮助大家尽力驾驭暗流、看清真相，进而丢掉幻想、迎接命运。**我们的主要时间花在理解劳动法的各种冲突上。**

首先是角色冲突。劳动法可能是最容易让研究者发生"角色

---

* 本文是2019年12月24日在北京大学"劳动法与社会保障法"课程上的结课致辞。

带入"的法律，我们几乎天然地会站在劳动者的角度去思考，而"屁股决定脑袋"的事情也经常发生。相比之下，法律工作者特别是律师的思维则更强调对抗性，职业律师不仅要能够从委托人的利益着眼，而且要"知己知彼"，学会换位思考。劳方和资方看到的往往只是"片面的深刻"，把两种立场的观察综合起来，才可能达到"全面的深刻"。这是作为第三方的立法者和裁判者所应有的能力；申言之，这也是一个成熟的现代人所应具备的判断。举例来说，求职中的性别歧视问题在相当大的程度上源于生育，丢工作甚至成了生育成本的一部分。对此，女性劳动者当然会坚决反对，她们认为生育是私事、是自由、是平等，用人单位凭什么因此而惩罚我呢？而用人单位也有自己的考虑，它们要面临竞争，担心因为比对手承担更多的生育成本而落败。居中的国家应当把双方的观点都纳入考量，再加入双方都没有考虑到的公共利益——多生育能够减缓老龄化，最后得出解决问题的综合方案：一方面禁止就业中的生育歧视，另一方面在国家、社会、单位、员工、配偶等主体之间公平分担生育成本。保护劳动者是劳动法的初心，不忘初心，方得始终。但是，保护劳动者不等于只从劳动者的角度看问题。法律是公器，任何主体的利益都只在与公共利益重合的范围内才获得保护，而公共利益总是整合不同主体利益的结果。利益的整合要求角色的变换，而今天演正派、明天演反派，正可谓"乱花渐欲迷人眼"，劳动法的图景由此而复杂起来。借用《老友记》中的一句台词：欢迎来到现实世界（Welcome to the real world）。

劳动法的冲突还来自机构之间。西方观察者曾给我国的体制扣上"威权"的帽子，然而抵近观察的结果却让他们大吃一惊：原来，在不同的机构之间、层级之间乃至地方之间，存在如此众多的互动、博弈和较量！于是他们创造了"碎裂式威权（fragmented authoritarianism）"[1]这个自相矛盾的概念来描述中国。概念不重要，重要的乃是生活本身。在国家层面，立法、行政和司法机关，作为人民团体的"工青妇"，乃至行政系统内的各个部门，都各有一份劳动法的议程，并且都拥有一定的议程设定甚至执行能力；在垂直层面，中央和地方对于劳动法事项也存在不同看法，而"单一制"这个描述央地关系的概念对于劳动法来说恐怕过分简化了。这一切在《劳动合同法》的问题上显露无余：关注新一轮修法的同学会注意到，财政、人社、工会等部门，以及人大内部的各委员会，对于修法的表态并不完全一致——不要忘了这还是经过协调的结果；而个别地方甚至在法律生效不久便自定"口径"，裁剪以至架空了法律规则。法律工作者总希望以法律作为大前提，再加上充当小前提的案情，便可以得出确定无误的结论。然而，案情本来就充满了偶然，如果大前提再被各个机构的"争鸣"弄得嘈杂不堪，结论还怎么可能是完全确定的呢？这才是生活的真相：我们要学会驾驭法律这叶扁舟，应对不测的湍流，劈波斩浪，扬帆济海。

第三种冲突是价值冲突。 劳动法是国家推行其劳动政策的工具，而国家有国家的难处，那便是劳动政策的价值目标太多元、太重大。中国宪法作为治国安邦的总章程，构想了劳动立国的完整图景，搭建了宏伟的劳动价值大厦。这座大厦的支柱有五根：一是生计，主要是保障劳动者的物质生活；二是平等，特别是让

---

[1] 参见 Andrew Mertha, "'Fragmented Authoritarianism 2.0': Political Pluralization in the Chinese Policy Process", 200 The China Quarterly 995 (2009).

女性和少数民族获得平等;三是民主,也就是促进劳动者参与管理;四是光荣,关键是尊崇劳动而非资本、尊崇生产而非消费;五是效率,核心是让市场在劳动力资源配置中起决定性作用。每一根支柱都承受着千钧之重,试问哪一项价值可以轻言放弃呢?有的时候,价值之间可以相互兼容甚至促进。例如,通过劳动体制改革,引入市场机制,把蛋糕做大,通常就能够给改善生计、追求平等、容纳民主、表彰光荣创造空间。这很可能也是1990年代初制定《劳动法》的初衷。而到了《劳动合同法》出台前后,各个价值之间的"瑜亮情结"显露出来:效率价值无法"正位",生计和平等不愿"让位",民主和光荣有所"缺位",而一部立法实在难以让所有价值"各就各位"。这个难题本身乃是立法的常态,并不值得担忧;真正值得担忧的是立法放弃解题的使命,甚至篡改和简化题目,结果答非所问,制度供给无法回应制度需求。世界上没有两片完全一样的树叶,更不用说寻找五片完全重合的树叶了。正如角色冲突和机构冲突一样,价值冲突也没有确定不变的答案。五种价值恰似调色盘中五色颜料,我们要不断调整劳动法的颜色搭配,使它与经济形势和国家发展阶段的底色相协调。

最后一种冲突可以称作理念之争。当我们好不容易找到价值目标以后,要用什么手段去实现它?大体上,一部分人更相信劳资双方对于各自利益的判断,认为无数的交易可以经由市场机制而得出最优解,而法律要做的是维护判断的自由、维护市场的运作,以及维护最优解的执行。如果劳资之间的关系可以比喻成球赛的话,法律就是比赛的促成者、场地的提供者、规则的裁判者和结果的确认者。至于球员和教练,应当由比赛双方自备。另一部分人则会说,市场本身可能失灵,更不用说中国的劳动力市场如此"晚熟",甚至作为市场主体的劳资双方也很不成熟,经常会看不到自己的利益所在。为此，法律要担当起双重的角色：一方面教导市场主体，另一方面矫正市场偏差。换言之，国家有时候要充当教练，有时候甚至要亲自下场充当"外援"。这两部分人如果都比较执着，把观点上升到主义的层面，就可以认领"自由主义""放任主义""干预主义""父爱主义"之类帽子了。帽子是很难分出高下的，一旦政策和法律之争上升到帽子之争，就陷入了死局，这会遏制任何面向真实问题的讨论。还是那句话，概念不重要，重要的乃是生活本身。研究规制的学者早已发现，政策总是在放任和干预两种偏向之间周期性地摇摆，这暗示并不存在某个确定不变的"正确"的政策；相反，定中有变、变中有常，才是劳动政策的必然取向。对此，劳动法作为政策工具，唯有跟紧才好。

角色的、机构的、价值的、理念的冲突，让一页纸就能容纳的劳动法基本知识变得厚重起来，迫使我们在画导图之外还要开脑洞，不免时常有"看不清""摆不平"之感，甚至左右为难、里外讨嫌。这就对了。如果那么简单，就不需要专门建立一个学科来研究劳动法了。**劳动法学就是劳动法的冲突之学，对于冲突的不同立场决定了劳动法学是神学、玄学还是科学，是文学、理学还是工学。**

二

在这门课程的最后，我想尝试将所有四种冲突归结于一，那就是代际冲突。

代际冲突是劳动法上一切冲突的根源。在中国，代际更替的界碑无疑是改革开放；更准确地说，是1995年实施的《劳动法》。《劳动法》的实施，意味着发端于1970年代末的劳动体制改革已经有了坚强的决心、大致的方向和初步的成果。从此,改革的大潮虽然遇到阻力,但是不曾消退;改革的航道虽然蜿蜒曲折,仍然直通大海;改革的巨轮虽然饱经考验,依旧动力十足。《劳动法》向世人宣告,《宪法》关于劳动的愿景是真实的,法律实现这一愿景的信念是真诚的,而信念所倚仗的现实力量便是改革。改革的号角再次吹响,《劳动法》开启了一个法律部门的新时代。到今天为止,这个时代已经延续了四分之一个世纪,恰好是一代人的时间。

我们正处在一个微妙而关键的时刻:开创"前《劳动法》时代"的一辈老人接近谢幕完毕,而生于"后《劳动法》时代"的一辈新人正在走向历史舞台的中央。正如家庭中普遍存在长辈与晚辈的分歧,劳动法上的各种冲突也都可以归结到代际冲突之中:

——角色冲突出现的前提是国家、劳方和资方的角色分化,而这分明是改革的产物。在上一个时代,政企不分,互为表里;劳资之间没有根本矛盾,至多承认"官僚主义"之类具体摩擦。是改革让企业成为独立的市场主体,是改革让劳资通过平等博弈来追求各自利益,是改革造就了劳动法意义上的"劳动者""用人单位"和"国家"。

——机构冲突出现的前提是机构的专门化,而这也分明是改革的产物。在上一个时代,权力高度集中,机构分工不清、职责不明,至多存在操作上的配合问题。是改革将各个部门改造成国家治理体系中负有不同职责、追求不同目标的机关,是改革将权力配置到不同的机构,赋予它们治理能力,是改革造就了劳动法意义上的"权力机关""行政机关""司法机关""中央国家机关"和"地方国家机关"。

——价值冲突存在于两个维度,而这两个维度都和代际冲突密切相关。横向上,上一个时代越来越多地被涂抹成平等、民主、光荣和基本生计有保障的伊甸园;而改革似乎抬升了效率价值的地位,打碎了伊甸园,尽管那样一个伊甸园恐怕从未真实存在。纵向上,五大价值的含义在改革前后都发生了显著的变化:生计价值曾经被当作可以为了"大我"而牺牲的"小我",改革后则穿戴上了个人主义的坚硬盔甲;平等价值曾经与平均主义混为一谈,改革后则分析出起点平等、机会平等与结果平等的层理结构;民主价值曾经被等同于"鞍钢宪法",改革后则要服从于国家宪法;光荣价值曾经没有对手,改革后则面临着多种分配方式、多种价值观念的冲击;效率价值曾经与计划经济挂钩,改革后则将市场机制视为实现效率的不二法门。

——理念冲突更是代际冲突的直接体现。甚至,两种理念本身就酷似两代人的社会角色:长辈总是担心晚辈不成熟,而晚辈总是抱怨长辈太世故;长辈总是批评晚辈懂得太少,而晚辈总是打趣长辈知识陈旧;长辈总是想要给晚辈最好的生活,而晚辈总是希望做自己生活的主宰。想一想自己的家里,是不是也存在这样的冲突?

冲突是不可避免的。我并不想把劳动法上的一切冲突都简化成两代人的矛盾,事实上,老辈人中不乏新潮时尚的大爷大妈,小辈人中也不难找到老气横秋、"早衰早老"的个案。但是总体而言,**代际冲突是真实的,并且任何具体冲突的当事人总会从代际冲突中寻找支持己方观点的资源**。一个劳动者可以在生计问题上抱持坚定的个人主义立场,也不把所谓"劳动光荣"或者"民主管理"当回事,这给他染上了"后《劳动法》时代"的色彩;但他可能同时很怀疑市场的力量,甚至对于平均主义抱有幻想,这又让他带上了"前《劳动法》时代"的特征。他是自我矛盾的,你我又何尝不是呢？每个人都挣扎在复杂的代际认同之间，人就是这样复杂的动物。如果你有足够的好奇心，这种复杂性会让你勇敢并快乐。

  我能真切感受到劳动法的代际冲突，是因为我幸运地生活在两个时代之间。《劳动法》生效时，我已经读到小学四年级，虽不懂事，但已记事，留下了许多关于代际更替的印象和经历。在我的世界里，两个时代由于亲身经历而连为一体，我对它们都不陌生，对于变革则感同身受。"优化组合"、打碎"三铁"、推广合同、国企"下岗"、民工大潮……以及相伴相生的人间百态、悲欢离合，都在我的记忆里留下了声音或光影。前后两个时代都是我生活的一部分，它们各有光明和阴暗的侧面，就像每一段刻骨铭心的记忆都悲欣交集。而我天然地想要把它们对接起来，即使它们是那样的不同。唯其如此，我的记忆才是连贯而非断裂的。

  对于在座的绝大多数同学来说，这种连续性是不存在的，因为你们对于《劳动法》诞生前的时代没有亲身体验。这不可避免地让理解代际冲突变得困难起来。进一步地，如果不能理解代际冲突，就很难真正认识到角色、机构、价值和理念冲突的复杂性，甚至觉得冲突各方都是没事找事、无病呻吟。你们或许无法理解，许多看似一目了然的问题，当年的决策者有什么好纠结和斗争的？许多改革仿佛只是在复刻教科书上的真理，为什么当局中人却看不透，反而要讨论来讨论去？是因为他们没读过教科书吗？是因为他们缺乏"法治观念"吗？是因为我们比他们高明吗？都不是的。他们之所以纠结和斗争，是因为他们在教科书中找不到改革的现成答案，是因为他们懂得法治要以政治决策为前提，是因为他们对历史保持谦逊，不存有"事后诸葛亮"式的自大。这才是改革的态度、法治的态度、历史的态度，是今天中国劳动法学所应有的态度。他们的纠结和斗争是痛苦的,但也是值得的,甚至是高贵的。

三

代际冲突就在那里。感受它、理解它,怎样解决它?法律应该包含在解决方案之中。法律要创造代际对话的平台,在对话中寻求合题。借用布鲁斯·阿克曼(Bruce Ackerman)的术语来说,**劳动法要通过代际对话实现代际综合(intergenerational synthesis)**。这事听来玄妙,实则平常。想想你我与长辈发生分歧时怎么解决?激烈的情绪或许难以避免,但又有哪一次不是两辈人坐下来和和气气谈好的?谈好不等于分出高下对错,而是达成妥协;并且就算你不喜欢妥协也不要紧,这种妥协只是暂时的,下次完全可以重新谈——不过在谈判重启之前,长辈和晚辈都务必遵守妥协的约定。这是生活的智慧,而法律无外乎一个民族生活智慧的凝练。每个人都把家里的关系处理好,我们一起就能够把代际冲突解决好。反之,如果家中的长辈和晚辈没法心平气和地商谈,冲突的伤痕就会愈发深入,家庭团结尚且不保,何况是超大型共同体——国家?

你一定会说,老师你讲得太简单、太抽象了,态度也过于乐观了。批评得很对。这门课程的许多侧面和细节都和代际冲突密切相关,然而就算把它们都记录下来,所能提供的解决冲突的方案也很不完整,甚至连轮廓都看不清。这固然是因为我的学力不够,但更多取决于历史的进程。劳动法的代际综合还处于遥远的未来。**改革孕育了中国法治,也赋予法治以代际综合的宿命。** 每一代人、每一个人都是那样的不同,而正像霍姆斯在洛克纳案的判决中所指出的,宪法"是为观点存有根本分歧的人们而制定的"——如果你足够勤奋，大概会记得这恰好也是一篇劳动法的判决书。

代际对话早已开始，我们的课堂就是它的一部分。是因为你们，我才切身地感受到这场对话的存在，我们才一起尝试掌握对话的方法，乃至探索实现综合的门径。同学们所带来的机缘，就如课堂上的每一次唱和、对抗、欢笑和静默，熨帖在我的心底。对此，感激尚不能表达我思绪的全部。当你们从校园走向世界，生活将迅速洗去这门课程的所有铅华，以最深刻的方式指向最根本的追问：你，究竟学会了什么？花了一个学期的时间，我们共同的答案已经写好：

中国劳动法是改革法，劳动法学要理解和阐发这场影响国运和无数人命运的、前无古人的伟大改革，寻找化解冲突和代际综合之道，促使人们团结在改革的旗帜下，共同实现宪法劳动的美好愿景。这是使命，也是预言。

征引文献

一、中文专著

1. 《中华人民共和国企业破产法》起草组编：《〈中华人民共和国企业破产法〉释义》，人民出版社 2006 年版。

2. 蔡定剑、刘小楠主编：《反就业歧视法专家建议稿及海外经验》，社会科学文献出版社 2010 年版。

3. 蔡定剑：《宪法精解》（第二版），法律出版社 2006 年版。

4. 曹思源：《破产风云》，中央编译出版社 1996 年版。

5. 曹思源：《谈谈企业破产法》，中国经济出版社 1986 年版。

6. 陈端洪：《制宪权与根本法》，中国法制出版社 2010 年版。

7. 邓白桦：《纳粹德国"企业共同体"劳资关系模式研究》，同济大学出版社 2012 年版。

8. 东北人民大学民法教研室编：《中华人民共和国劳动法参考资料》（第二辑），东北人民大学研究部教材出版科 1954 年版。

9. 房维廉、安建、何乃坚等：《中华人民共和国全民所有制工业企业法释义》，工商出版社 1988 年版。

10. 傅洋、相自成、扈纪华、金俊银：《中华人民共和国破产法（试行）附条文释义》，中国政法大学出版社 1986 年版。

11. 关怀主编：《劳动法学》，群众出版社 1983 年版。

12. 国家经济委员会经济法规局：《中华人民共和国全民所有制工业企业法附条文释义》，中国政法大学出版社1988年版。

13. 韩世远：《合同法总论》（第三版），法律出版社2011年版。

14. 湖北财经学院、武汉大学编写组：《按劳分配有关范畴的分析》，人民出版社1979年版。

15. 劳动部劳动经济科学研究所编：《马克思 恩格斯 列宁 斯大林论共产主义劳动》，1958年版。

16. 劳动人事部干部局编：《奖惩工作问题解答》，中国劳动人事报社内部发行，1987年。

17. 林来梵：《从宪法规范到规范宪法——规范宪法学的一种前言》，法律出版社2001年版。

18. 令狐安、孙桢主编：《中国改革全书（1978—1991）·劳动工资体制改革卷》，大连出版社1992年版。

19. 刘贯学主编：《劳动法规知识讲话》，中国劳动出版社1992年版。

20. 刘政主编：《〈中华人民共和国宪法〉通释》，中共中央党校出版社1993年版。

21. 全国人大常委会法制工作委员会国家法行政法室、中华人民共和国劳动部政策法规司、中华全国总工会法律工作部编著：《〈中华人民共和国劳动法〉释义》，中国工人出版社1994年版。

22. 全国人民代表大会常务委员会法制工作委员会编：《中华人民共和国劳动合同法释义》（第二版），法律出版社2013年版。

23. 全国人民代表大会常务委员会法制工作委员会编：《中华人民共和国侵权责任法释义》（第二版），法律出版社2013年版。

24. 宋汝棻：《参加立法工作琐记》（上册），中国法制出版社1994年版。

25. 苏永钦主编：《部门宪法》，台湾元照出版社2005年版。

26. 孙谦、韩大元主编：《公民权利与义务：世界各国宪法的规定》，中国检察出版社2013年版。

27. (清) 孙希旦撰, 沈啸寰、王星贤点校:《礼记集解》(全三册), 中华书局 1989 年版。

28. 谭中和等:《中国工资收入分配改革与发展 (1978~2018)》, 社会科学文献出版社 2019 年版。

29. 佟柔主编:《全民所有制工业企业法概论》, 重庆出版社 1988 年版。

30. 王汉斌:《王汉斌访谈录——亲历新时期社会主义民主法制建设》, 中国民主法制出版社 2012 年版。

31. 王锴:《部门宪法研究》, 光明日报出版社 2014 年版。

32. 王泽鉴:《债法原理》(第二版), 北京大学出版社 2013 年版。

33. 习近平:《在省部级主要领导干部学习贯彻党的十八届五中全会精神专题研讨班上的讲话 (2016 年 1 月 18 日)》, 人民出版社 2016 年版。

34. 肖蔚云:《论宪法》, 北京大学出版社 2004 年版。

35. 肖蔚云:《我国的社会主义经济制度》, 群众出版社 1987 年版。

36. 肖蔚云:《我国现行宪法的诞生》, 北京大学出版社 1986 年版。

37. 全国人民代表大会常务委员会法制工作委员会编:《中华人民共和国劳动合同法释义》, 法律出版社 2007 年版。

38. 许安标、刘松山:《中华人民共和国宪法通释》, 中国法制出版社 2003 年版。

39. 许安标主编:《宪法及宪法相关法解读》(第二版), 中国法制出版社 2019 年版。

40. 许崇德:《中华人民共和国宪法史》, 福建人民出版社 2005 年版。

41. 许德风:《破产法论: 解释与功能比较的视角》, 北京大学出版社 2015 年版。

42. 阎天:《美国劳动法学的诞生》, 中国民主与法制出版社 2018 年版。

43. 袁守启:《中国的劳动法制》, 经济日报出版社 1994 年版。

44. 张庆福、王德祥:《我国公民的基本权利和义务》, 群众出版社

1987 年版。

45. 张善斌主编：《破产法研究综述》，武汉大学出版社 2018 年版。

46. 张守文：《分配危机与经济法规制》，北京大学出版社 2015 年版。

47. 中共中央文献研究室编：《习近平关于科技创新论述摘编》，中央文献出版社 2016 年版。

48. 中共中央文献研究室编：《习近平关于社会主义社会建设论述摘编》，中央文献出版社 2017 年版。

49. 中华全国总工会法律工作部、中华人民共和国劳动部政策法规司编著：《〈中华人民共和国劳动法〉讲话》，中国工人出版社 1994 年版。

50. 张建国、吕国泉主编：《中国集体合同制度与实践》，新华出版社 2012 年版。

51. 周伟、李成、李昊等编著：《法庭上的宪法——平等、自由与反歧视的公益诉讼》，山东人民出版社 2011 年版。

52. 最高人民法院民事审判第一庭编著：《最高人民法院劳动争议司法解释的理解与适用》（第二版），人民法院出版社 2015 年版。

53. 左亦鲁：《超越"街角发言者"：表达权的边缘与中心》，社会科学文献出版社 2020 年版。

二、中文译著

1. 埃里克 A. 波斯纳、E. 格伦·韦尔：《激进市场：战胜不平等与经济停滞的经济模式》，胡雨青译，机械工业出版社 2019 年版。

2. 布鲁斯·阿克曼：《我们人民：奠基》，汪庆华译，中国政法大学出版社 2013 年版。

3. 查尔斯 A. 比尔德：《美国宪法的经济观》，何希齐译，商务印书馆 1984 年版。

4. 戴维·赫尔德：《民主的模式》（第 3 版），燕继荣等译，中央编译出版社 2008 年版。

5. 戴维·施特劳斯：《活的宪法》，毕洪海译，中国政法大学出版社

2012年版。

6. 戴维·施韦卡特：《反对资本主义》，李智等译，中国人民大学出版社2013年版.

7. 汉娜·费尼切尔·皮特金：《代表的概念》，唐海华译，吉林出版集团有限责任公司2014年版。

8. 卡罗尔·佩特曼：《参与和民主理论》，陈尧译，上海人民出版社2012年第2版.

9. 理查德 B. 弗里曼、詹姆斯 L. 梅多夫：《工会是做什么的？——美国的经验》，陈耀波译，北京大学出版社2011年版。

10. 列宁：《国家与革命》，中共中央马克思恩格斯列宁斯大林著作编译局译，人民出版社2001年版。

11. 罗伯特 C. 波斯特：《宪法的领域：民主、共同体与管理》，毕洪海译，北京大学出版社2012年版。

12. 马克思：《哥达纲领批判》（第3版），中共中央马克思恩格斯列宁斯大林著作编译局译，人民出版社1997年版。

13. 马克思：《资本论》（第一卷），郭大力、王亚南译，人民出版社1953年版。

14. 斯大林：《苏联社会主义经济问题》，中共中央马克思恩格斯列宁斯大林著作编译局译，人民出版社1952年版。

15. 斯蒂芬·卡拉布雷西编：《美国宪法的原旨主义：廿五年的争论》，李松锋译，当代中国出版社2014年版。

16. 约瑟夫·熊彼特：《资本主义、社会主义与民主》，吴良健译，商务印书馆1999年版.

17. 詹·法格博格、戴维·莫利、理查德·纳尔逊主编：《牛津创新手册》，柳卸林等译，知识产权出版社2009年版。

18. 詹姆斯·贝森：《创新、工资与财富：为什么技术进步、财富增加，你的工资却止步不前》，刘洲译，中信出版集团2017年版。

19. 茱迪·史珂拉：《美国公民权：寻求接纳》，刘满贵译，上海世纪出版集团 2006 年版。

三、中文论文及其他文章

1. 《全国人大常委会法制工作委员会负责人答记者问 实行破产制度促进企业自主经营》，载《人民日报》1986 年 12 月 7 日第 2 版。

2. 《香港各界商会联席会议强烈反对〈广东省企业集体合同条例（修订草案）〉》，载《明报》2014 年 5 月 15 日第 A19 版。

3. 《中共中央批准中华全国总工会〈关于巩固劳动纪律的决议〉及对此问题的指示》，载中央文献研究室编：《建国以来重要文献选编（第 4 册）》，中央文献出版社 1993 年版。

4. 《中华全国总工会关于巩固劳动纪律的决议》，载《人民日报》1953 年 8 月 27 日第 2 版。

5. 班天可：《雇主责任的归责原则与劳动者解放》，载《法学研究》2012 年第 3 期。

6. 北京大学课题组：《职务发明权益分配制度的理论思考》，未刊稿，2017 年 11 月 16 日。

7. 本报评论员：《建设"两个文明"的重要保证》，载《工人日报》1982 年 5 月 3 日第 3 版。

8. 常凯：《劳动关系的集体化转型与政府劳工政策的完善》，载《中国社会科学》2013 年第 6 期。

9. 常凯：《论个别劳动关系的法律特征——兼及劳动关系法律调整的趋向》，载《中国劳动》2004 年第 4 期。

10. 陈鹏：《限制自由与保障权利：宪法学视野中〈劳动合同法〉第八十五条之两面》，载《厦门大学法律评论》第 17 辑，厦门大学出版社 2009 年版。

11. 陈伟忠：《法院对用人单位规章制度合理性审查合法吗》，载《中国劳动》2012 年第 8 期。

12. 陈伟忠：《再谈法院对用人单位规章制度合理性审查》，载《中国劳动》2014 年第 9 期。

13. 陈夏红：《从核心到边缘：中国破产法进化中的职工问题（1986—2016）》，载《甘肃政法学院学报》2016 年第 4 期。

14. 程金华、柯振兴：《中国法律权力的联邦制实践——以劳动合同法领域为例》，载《法学家》2018 年第 1 期。

15. 程延园：《"劳动三权"：构筑现代劳动法律的基础》，载《中国人民大学学报》2005 年第 2 期。

16. 戴志勇：《中国需要持续的平权改革》，载《南方周末》2011 年 7 月 21 日第 E31 版。

17. 邓小平：《答意大利记者奥琳埃娜·法拉奇问（一九八〇年八月二十一日、二十三日）》，载《邓小平文选（第二卷）》，人民出版社 1994 年版。

18. 邓小平：《改革是中国发展生产力的必由之路（一九八五年八月二十八日）》，载《邓小平文选（第三卷）》，人民出版社 1993 年版。

19. 邓小平：《工人阶级要为实现四个现代化做出优异贡献（一九七八年十月十一日）》，载《邓小平文选（第二卷）》，人民出版社 1994 年版。

20. 邓小平：《关于科学和教育工作的几点意见（一九七七年八月八日）》，载《邓小平文选（第二卷）》，人民出版社 1994 年版。

21. 邓小平：《贯彻调整方针，保证安定团结（一九八〇年十二月二十五日）》，载《邓小平文选（第二卷）》（第二版），人民出版社 1994 年版。

22. 邓小平：《坚持按劳分配原则（一九七八年三月二十八日）》，载《邓小平文选（第二卷）》（第二版），人民出版社 1994 年版。

23. 邓小平：《建设有中国特色的社会主义（一九八四年六月三十日）》，载《邓小平文选（第三卷）》，人民出版社 1993 年版。

24. 邓小平：《解放思想，实事求是，团结一致向前看（一九七八年十二月十三日）》，载《邓小平文选（第二卷）》（第二版），人民出版社 1994 年版。

25. 邓小平：《目前的形势和任务（一九八〇年一月十六日）》，载《邓小平文选（第二卷）》（第二版），人民出版社 1994 年版。

26. 邓小平：《尊重知识，尊重人才（一九七七年五月二十四日）》，载《邓小平文选（第二卷）》（第二版），人民出版社 1994 年版。

27. 丁轶：《国家认同的宪法构建：实现机制与实施路径》，载《交大法学》2020 年第 3 期。

28. 董保华：《锦上添花抑或雪中送炭——析〈中华人民共和国劳动合同法（草案）〉的基本定位》，载《法商研究》2006 年第 3 期。

29. 龚廷泰、谢冬慧：《列宁的劳动法思想体系述论》，载《江苏社会科学》2012 年第 2 期。

30. 郭军：《对〈企业破产法〉劳动债权保护制度的评析》，载《中国律师》2009 年第 8 期。

31. 韩大元：《论合宪性推定原则》，载《山西大学学报（哲学社会科学版）》2004 年第 3 期。

32. 韩大元：《外国宪法对 1954 年宪法制定过程的影响》，载《比较法研究》2014 年第 4 期。

33. 何瑞琪、穗妇宣：《九成女大学生身边有过性骚扰》，载《广州日报》2014 年 6 月 13 日第 AII2 版。

34. 胡锦涛：《高举中国特色社会主义伟大旗帜 为夺取全面建设小康社会新胜利而奋斗——在中国共产党第十七次全国代表大会上的报告（2007 年 10 月 15 日）》，载《人民日报》2007 年 10 月 25 日第 1 版。

35. 黄国桥：《略论我国现行〈宪法〉中过时的条款》，载《太平洋学报》2009 年第 1 期。

36. 贾志杰：《关于〈中华人民共和国企业破产法（草案）〉的说明——2004 年 6 月 21 日在第十届全国人民代表大会常务委员会第十次会议上》，中国人大网 http：//www.npc.gov.cn/wxzl/gongbao/2006-09/26/content_5354979.htm（最后访问 2020 年 8 月 24 日）。

37. 江泽民：《高举邓小平理论伟大旗帜，把建设有中国特色社会主义事业全面推向二十一世纪——在中国共产党第十五次全国代表大会上的报告（1997 年 9 月 12 日）》，载《人民日报》1997 年 9 月 22 日第 1 版。

38. 江泽民：《全面建设小康社会，开创中国特色社会主义事业新局面——在中国共产党第十六次全国代表大会上的报告（2002 年 11 月 8 日）》，载《人民日报》2002 年 11 月 18 日第 1 版。

39. 靳共元：《社会主义经济中劳动力也应当是商品》，载《山西财经学院学报》1986 年第 6 期。

40. 李宝军：《非财产损害赔偿与缔约过失责任》，载《当代法学》2003 年第 3 期。

41. 李炳辉、周叶中：《论我国宪法与社会主义核心价值体系建设——寻找当代中国的共识基础》，载《法学论坛》2012 年第 4 期。

42. 李福田：《学习列宁关于劳动纪律的论述》，载北京市劳动学会秘书处编印：《社会主义宪法与劳动工资制度改革》，1984 年。

43. 李敏、黄秦、郑英隆：《从竞争优势分析工资集体谈判/协商的目标及路径——基于中欧的对比研究》，载《中国人力资源开发》2015 年第 5 期。

44. 李曙光：《破产法的宪法性及市场经济价值》，载《北京大学学报（哲学社会科学版）》2019 年第 1 期。

45. 李响：《"按劳分配"在中国：一个宪法概念的浮沉史》，载《中外法学》2019 年第 5 期。

46. 厉以宁：《我与中国股份制改革》，载中国经济体制改革研究会编：《见证重大改革决策——改革亲历者口述历史》，社会科学文献出版社 2018 年版。

47. 列宁：《留声机片录音演说（1919 年 3 月）》，载《列宁全集》第 29 卷，人民出版社 1956 年版。

48. 列宁：《伟大的创举（1919 年 6 月）》，载《列宁全集》第 29 卷，人民出版社 1956 年版。

49. 刘佳萍：《法定公益金制度何去何从》，载《金融法苑》2005 年第 4 期。

50. 刘少奇：《关于中华人民共和国宪法草案的报告》，载《人民日报》1954 年 9 月 16 日第 1 版。

51. 陆幸福：《公私领域分离与我国宪法再修改》，载《人大法律评论》2015 年卷第 1 辑。

52. 马岭：《对宪法〈公民的基本权利和义务〉一章的修改建议》，载《国家行政学院学报》2003 年第 5 期。

53. 毛泽东：《关于正确处理人民内部矛盾的问题》，载《中华人民共和国国务院公报》1957 年第 26 期。

54. 毛泽东：《论人民民主专政》，载《毛泽东选集》第 4 卷，人民出版社 1991 年版。

55. 门晓红：《坦桑尼亚社会主义的历史与现状》，载《科学社会主义》2009 年第 5 期。

56. 牛元元：《法律辩弈：职场隐婚 VS 就业歧视——北京朝阳法院判决志荣维拓公司诉徐娜娜劳动争议案》，载《人民法院报》2014 年 5 月 1 日第 6 版。

57. 彭真：《关于中华人民共和国宪法修改草案的报告——一九八二年十一月二十六日在第五届全国人民代表大会第五次会议上》，载《人民日报》1982 年 12 月 6 日第 1 版。

58. 彭真：《关于中华人民共和国宪法修改草案的说明——一九八二年四月二十二日在第五届全国人民代表大会常务委员会第二十三次会议上》，载《人民日报》1982 年 4 月 29 日第 1 版。

59. 秦小建：《精神文明的宪法叙事：规范内涵与宪制结构》，载《中国法学》2018 年第 4 期。

60. 任扶善：《试论新宪法有关劳动的规定》，载北京市劳动学会秘书处编印：《社会主义宪法与劳动工资制度改革》，内部发行，1984 年。

61. 邵六益：《社会主义主人翁的政治塑造（1949—1956）》，载《开放时代》2020 年第 5 期。

62. 石廷桥：《我省首例集体合同争议案在宜昌审结——宜昌市第一针

织厂工会运用集体合同维护职工合法经济权益》，载《工友》2003年第8期。

63. 斯大林：《在第一次全苏联斯达汉诺夫工作者会议上的演说（1935年11月）》，载斯大林著：《列宁主义问题》，人民出版社1953年版。

64. 田雷：《短意见的长历史——重读霍姆斯大法官在洛克纳诉纽约州案中的反对意见》，载《师大法学》2017年第2辑。

65. 田雷：《重新发现宪法——我们所求的宪法理论》，载强世功主编：《政治与法律评论》（2010年卷），北京大学出版社2010年版。

66. 田思路：《工业4.0时代的从属劳动论》，载《法学评论》2019年第1期。

67. 涂四益：《五四宪法之公民权利义务规范的特点——兼论与苏联1936年相关宪法规范的区别》，载《法学评论》2011年第4期。

68. 退休年龄问题研究课题组：《退休年龄问题研究报告》，载刘小楠主编：《反就业歧视的策略与方法》，法律出版社2011年版。

69. 汪洪：《用人单位招工时歧视乙肝病毒携带者的责任认定——深圳中院判决肖春辉诉环胜公司劳动争议纠纷案》，载《人民法院报》2010年11月4日第6版。

70. 汪雄：《宪法第五十三条中守法义务的证成》，载《北京行政学院学报》2019年第4期。

71. 王德志：《论我国宪法劳动权的理论建构》，载《中国法学》2014年第3期。

72. 王利明：《关于劳动债权与担保物权的关系》，载《法学家》2005年第2期。

73. 王倩：《我国过错解雇制度的不足及其改进——兼论〈劳动合同法〉第39条的修改》，载《华东政法大学学报》2017年第4期。

74. 王绍光：《代表型民主与代议型民主》，载《开放时代》2014年第2期。

75. 王世涛：《宪法不应该规定公民的基本义务吗？——与张千帆教授商榷》，载《时代法学》2006年第5期。

76. 王天玉：《工资集体协商行为主观要件的法律塑造——以美国劳资善意谈判义务为借鉴》，载《社会科学战线》2015 年第 9 期。

77. 王天玉：《劳动法分类调整模式的宪法依据》，载《当代法学》2018 年第 2 期。

78. 王欣新：《论职工债权在破产清偿中的优先顺序问题》，载《法学杂志》2005 年第 4 期。

79. 王旭：《劳动、政治承认与国家伦理——对我国〈宪法〉劳动权规范的一种阐释》，载《中国法学》2010 年第 3 期。

80. 王旭：《宪法上的尊严理论及其体系化》，载《法学研究》2016 年第 1 期。

81. 习近平：《关于〈中共中央关于制定国民经济和社会发展第十三个五年规划的建议〉的说明》，载《人民日报》2015 年 11 月 4 日第 2 版。

82. 习近平：《在首都各界纪念现行宪法公布施行 30 周年大会上的讲话（2012 年 12 月 4 日）》，载《人民日报》2012 年 12 月 5 日第 2 版。

83. 谢怀栻、陈明侠：《宪法确立的劳动法的基本原则》，载中国劳动法学研究会编：《劳动法论文集》，法律出版社 1984 年版。

84. 阎天：《美国集体劳动关系法的兴衰——以工业民主为中心》，载《清华法学》2016 年第 2 期。

85. 阎天：《平等观念是空洞的吗？——一页学术史的回思》，载强世功主编：《政治与法律评论》（第二辑），法律出版社 2013 年版。

86. 阎天：《社会运动与宪法变迁：以美国为样本的考察》，载《华东政法大学学报》2015 年第 3 期。

87. 阎天：《中国劳动宪法的兴起》，第七届政治、法律与公共政策年会主旨演讲。

88. 阎天：《重思中国反就业歧视法的当代兴起》，载《中外法学》2012 年第 3 期。

89. 阎天：《重思中国劳动宪法的兴起》，载《中国法律评论》2019 年第 1 期。

90. 杨冬梅:《破产法与破产企业职工安置》,载《政法论坛》1998 年第 2 期。

91. 杨小君:《国家赔偿的归责原则与归责标准》,载《法学研究》2003 年第 2 期。

92. 杨喆翔、肖泽晟:《爱护公共财产义务的宪法意蕴》,载《浙江学刊》2020 年第 4 期。

93. 叶剑英:《关于修改宪法的报告——一九七八年三月一日在中华人民共和国第五届全国人民代表大会第一次会议上的报告》,载《人民日报》1978 年 3 月 8 日第 1 版。

94. 叶姗:《雇主不当劳动行为的民事救济——基于我国和美国不当劳动行为救济制度之比较》,载《北方法学》2012 年第 4 期。

95. 俞里江:《劳动者在乙肝歧视案中的利益保护》,载《人民司法》2008 年第 24 期。

96. 喻术红、杜莹:《量能就业原则引入我国劳动就业中的可行性探讨》,载《法学评论》2008 年第 5 期。

97. 袁宝华:《我所经历的企业整顿与改革》,载《百年潮》2018 年第 4 期。

98. 袁木:《关于制定企业破产法的几点认识》,载《人民日报》1986 年 12 月 6 日第 2 版。

99. 张五常:《张五常论新劳动法》,载《法律和社会科学》第 4 卷第 4 辑(2009 年)。

100. 张翔:《宪法教义学初阶》,载《中外法学》2013 年第 5 期。

101. 张友渔:《新宪法与劳动工作》,载北京市劳动学会秘书处编印:《社会主义宪法与劳动工资制度改革》,1984 年。

102. 郑尚元:《实质公平与形式正义之间的〈破产法〉——再谈"劳动债权"与担保债权清偿顺序》,载郑尚元著:《劳动法与社会法理论探索》,中国政法大学出版社 2008 年版。

103. 钟炜玲:《强弱之辨:中国劳动法学理论中的"劳动者"》,载

《法律和社会科学》（第 17 卷第 1 辑），法律出版社 2019 年版。

104. 周海晏、高路：《零工资换差事：大学生就业打"迂回战"》，载《经济参考报》2006 年 3 月 2 日第 1 版．

105. 周为民、卢中原：《效率优先、兼顾公平——通向繁荣的权衡》，载《经济研究》1986 年第 2 期。

106. 朱军：《〈劳动合同法〉第 4 条"平等协商确定"的再解读——基于劳动规章制度的中德比较》，载《华东政法大学学报》2017 年第 5 期。

107. 朱忠虎、严非：《法院可以而且应当审查用人单位规章制度的合理性——与陈伟忠同志商榷》，载《中国劳动》2013 年第 1 期。

108. 邹乐：《人大代表建议产假延长至 3 年》，载《北京晨报》2014 年 8 月 11 日第 A12 版。

四、中文译文

1. 《〈一九六四年民权法〉第七篇选译》，载阎天编译：《反就业歧视法国际前沿读本》，北京大学出版社 2009 年版。

2. John J. Donohue, III：《雇佣歧视法透视：三维平等观》，载阎天编译：《反就业歧视法国际前沿读本》，北京大学出版社 2009 年版。

3. Steven J. Kaminshine：《差别对待歧视理论：重述的必要》，载阎天编译：《反就业歧视法国际前沿读本》，北京大学出版社 2009 年版。

4. 德里克·柯提思·博克：《反思美国劳动法的特征》，阎天译，载《社会法评论》第 6 卷（2016 年）。

5. 卡斯·R. 桑斯坦：《为什么美国宪法缺乏社会和经济权利保障？》，傅蔚冈译，载中国法学网，http：//www. iolaw. org. cn/showNews. asp? id = 10847（最后访问 2018/11/18）。

6. 马克·巴伦伯格：《劳动法学的过去和未来》，阎天译，载《北大法律评论》第 16 卷第 1 辑（2015 年）。

五、英文专著

1. Alexander M. Bickel, *The Least Dangerous Branch: The Supreme Court at*

the Bar of Politics, Binghamton: Vail-Ballou Press, 1986.

2. Antonin Scalia & Bryan A. Garner, *Reading Law: The Interpretation of Legal Texts*, St. Paul: Thomson/West, 2012.

3. Bruce Ackerman, *We the People*, vol. 3: *The Civil Rights Revolution*, Cambridge: Belknap, 2014.

4. Cynthia Estlund, *Regoverning the Workplace: from Self-Regulation to Co-Regulation*, New Haven: Yale University Press, 2010.

5. Cynthia Estlund, *Working Together: How Workplace Bonds Strengthen A Diverse Democracy*, New York: Oxford University Press, 2003.

6. Cynthia L. Estlund & Michael L. Wachter (eds.), *Research Handbook on the Economics of Labor and Employment Law*, Northampton: Edward Elgar, 2012.

7. Daniel A. Farber, William N. Eskridge, Jr. & Philip P. Frickey, *Cases and Materials on Constitutional Law: Themes for the Constitution's Third Century* (4th ed.), St. Paul: West, 2009.

8. Derek C. Bok & John T. Dunlop, *Labor and the American Community*, New York: Simon & Schuster, 1970.

9. George A. Rutherglen & John J. Donohue III, *Employment Discrimination: Law and Theory*, New York: Foundation Press, 2005.

10. John Chamberlain, *The American Stakes*, New York: Carrick & Evans, 1940.

11. John H. Garvey, T. Alexander Aleinikoff & Daniel A. Farber, *Modern Constitutional Theory: A Reader* (5th ed.), St. Paul: West, 2004.

12. Julius G. Getman, *The Supreme Court on Unions: Why Labor Law is Failing American Workers*, ILR Press (Cornell University Press), 2016.

13. Lisa L. Goluboff, *The Lost Promise of Civil Rights*, Cambridge: Harvard University Press, 2007.

14. Melvyn Dubofsky, *The State and Labor in Modern America*, Chapel Hill: The University of North Carolina Press, 1994.

15. Morton J. Horwitz, *The Transformation of American Law, 1870-1960: The Crisis of Legal Orthodoxy*, New York: Oxford University Press, 1992.

16. Nelson Lichtenstein, *State of the Union: A Century of American Labor* (rev. & exp'ed ed.), Princeton: Princeton University Press, 2002.

17. Richard A. Epstein, *Simple Rules for A Complex World*, Cambridge: Harvard University Press (1995).

18. Rosanne Currarino, *The Labor Question in America: Economic Democracy in the Gilded Age*, Urbana: University of Illinois Press, 2011.

19. Seymour Martin Lipset, *Political Man: The Social Bases of Politics*, Garden City: Doubleday & Company, 1960.

20. Sidney Webb & Beatrice Webb, *Industrial Democracy* (new ed. in two vols. bound in one), London/New York: Longmans, Green & Company, 1902.

21. Stephen F. Befort & John W. Budd, *Invisible Hands, Invisible Objectives: Bringing Workplace Law and Public Policy into Focus*, Stanford: Stanford University Press, 2009.

22. William N. Eskridge & John Ferejohn, *A Republic of Statues: the New American Constitution*, New Haven: Yale University Press, 2010.

23. William W. Fisher III, Morton J. Horwitz & Thomas A. Reed (eds.), *American Legal Realism*, New York: Oxford University Press, 1993.

六、英文论文

1. Adrian Vermeule & Ernest A. Young, "Hercules, Herbert, and Amar: The Trouble with Intratextualism", 113 *Harv. L. Rev.* 730 (2000).

2. Akhil Reed Amar, "Intratexualism", 112 *Harv. L. Rev.* 747 (1999).

3. Alan David Freeman, "Legitimizing Racial Discrimination through Anti-

discrimination Law: A Critical Review of Supreme Court Doctrine", 62 *Minn. L. Rev.* 1049 (1978).

4. Archibald Cox, "Labor Law", in Harold J. Berman (ed.), *Talks on American Law* (rev. ed.), Voice of America Forum Series, 1978.

5. Bruce A. Ackerman, "Beyond Carolene Products", 98 *Harv. L. Rev.* 713 (1985).

6. Cass R. Sunstein, "Human Behavior and the Law of Work", 87 *Va. L. Rev.* 205 (2001).

7. Cass R. Sunstein, "The Anticaste Principle", 92 *Mich. L. Rev.* 2410 (1994).

8. Cass R. Sunstein, "Interest Groups in American Public Law", 38 *Stan. L. Rev.* 29 (1985).

9. Charles A. Sullivan, "Circling Back to the Obvious: The Convergence of Traditional and Reverse Discrimination in Title VII Proof", 46 *Wm. & Mary L. Rev.* 1031 (2004).

10. Clyde W. Summers, "The Public Interest in Union Democracy", 53 *Nw. L. Rev.* 610 (1958).

11. Cynthia Estlund, "Reflections on the Declining Prestige of American Labor Law Scholarship", 23 *Comp. Labor L. & Pol'y J.* 789 (2002).

12. Cynthia L. Estlund, "The Death of Labor Law?", 2 *Ann. Rev. L. & Soc. Sci.* 105 (2006).

13. David Benjamin Oppenheimer, "Negligent Discrimination", 141 *U. Pa. L. Rev.* 899 (1993).

14. J. M. Balkin, "The Constitution of Status", 106 *Yale L. J.* 2313 (1997).

15. Jack M. Balkin & Reva B. Siegel, "The American Civil Rights Tradition: Anticlassification or Antisubordination?", 58 *U. Miami L. Rev.* 9

(2003).

16. Jack M. Balkin & Sanford Levinson, "Understanding the Constitutional Revolution", 87 *Va. L. Rev.* 1045 (2001).

17. Jamal S. Greene, "The Anticanon", 125 *Harv. L. Rev.* 379 (2011).

18. James Gray Pope, "Labor and the Constitution: From Abolition to Deindustrialization", 65 *Tex. L. Rev.* 1071 (1987).

19. John J. Donohue III, "Is Title VII Efficient?", 134 *U. Pa. L. Rev.* 1411 (1986).

20. John J. Donohue III, "Further Thoughts on Employment Discrimination Legislation: A Reply to Judge Posner", 136 *U. Pa. L. Rev.* 523 (1987).

21. Katherine Van Wezel Stone, "The Post-War Paradigm in American Labor Law", 90 *Yale L. J.* 1509 (1981).

22. Lon L. Fuller, "Positivism and Fidelity to Law—A Reply to Professor Hart", 71 *Harv. L. Rev.* 630 (1968).

23. Owen M. Fiss, "Groups and the Equal Protection Clause", 5 *Phil. & Pub. Aff.* 107 (1976).

24. Owen M. Fiss, "A Theory of Fair Employment Laws", 38 *U. Chicago L. Rev.* 235 (1971).

25. Owen M. Fiss, "Another Equality", in *Issues in Legal Scholarship*, Volume 2, Issue 1 (Aug 2002): *The Origins and Fate of Antisubordination Theory*.

26. Paul Gewirtz, "Choice in the Transition: School Desegregation and the Corrective Ideal", 86 *Colum. L. Rev.* 728 (1986).

27. Reva B. Siegel, "Constitutional Culture, Social Movement Conflict and Constitutional Change: The Case of the de facto ERA", 94 *Cal. L. Rev.* 1323 (2006).

28. Reva Siegel, "The Jurisgenerative Role of Social Movements in U. S. Constitutional Law", for publication with the papers of the Seminario en Latino

América de Teoria Constitucional y Politica (SELA), June 10-12, 2004, Oaxaca, México.

29. Richard A. Epstein, "A Common Law for Labor Relations: A Critique of the New Deal Labor Legislation", 92 *Yale L. J.* 1357 (1983).

30. Richard Thompson Ford, "Bias in the Air: Rethinking Employment Discrimination Law", 66 *Stan. L. Rev.* 1381 (2014).

31. Richard A. Posner, "The Efficiency and the Efficacy of Title VII", 136 *U. Pa. L. Rev.* 513 (1987).

32. Robert Post, "Theorizing Disagreement: Reconceiving the Relationship between Law and Politics", 98 *Cal. L. Rev.* 1319 (2010).

33. Robert W. Gordon, "Critical Legal Histories", 36 *Stan. L. Rev.* 57, 58 *n.* 3 (1984).

34. Sophia Z. Lee, "Race, Sex, and Rulemaking: Administrative Constitutionalism and the Workplace, 1960 to the Present", 96 *Va. L. Rev.* 799 (2010).

35. Walther Müller-Jentsch, "Industrial Democracy: Historical Development and Current Challenges", 19 *Mgmt. Rev.* 260 (2008).

36. William N. Eskridge, Jr. & Philip P. Frickey, "An Historical and Critical Introduction to the Legal Process", in Henry M. Hart, Jr. & Albert M. Sacks, *The Legal Process: Basic Problems in the Making and Application of Law*, Westbury: The Foundation Press, 1994.

37. William N. Eskridge. Jr. & John Ferejohn, "Super-Statutes", 50 *Duke L. J.* 1215 (2001).

七、英文判例

1. Goldberg vs. Kelly, 397 U. S. 254 (1970).

2. Grutter vs. Bollinger, 539 U. S. 306 (2003).

3. In re Debs, 158 U. S. 564 (1895).

4. Janus vs. AFSCME, 585 U. S. _ (2018).

5. Lochner vs. New York, 198 U. S. 45 (1905).

6. Madden vs. Atkins, 151 N. E. 2d 73 (1958).

7. Matthews vs. Eldridge, 424 U. S. 319 (1976).

8. National Labor Relations Board vs. Jones & Laughlin Steel Corp., 301 U. S. 1 (1937).

9. West Coast Hotel Co. vs. Parrish, 300 U. S. 379 (1937).

后　记

　　这是我的第三本学术专著，也是写作过程最"热闹"的一本。书中的绝大多数篇章都脱胎于会议论文："导论"的初稿于2018年11月24日在西南大学召开的"第二届中国宪法学青年论坛"上报告；"平等就业"章的初稿于2014年8月30日在清华大学举办的"美国宪法新理解学术研讨会"上报告；"民主管理"章的初稿于2015年10月10日在北京航空航天大学举行的"部门宪法的理论学术研讨会"上报告；"按劳分配"章的初稿于2020年9月4日在线上召开的"第十六届中国宪法学基本范畴与方法学术研讨会"上报告；"破产保障"章的初稿则于2020年8月29日在长沙举办的"中国破产法论坛·破产法与宪法的对话专题研讨会"上报告。此外，附文中的三则评注本是为《中华人民共和国宪法评注》撰写的稿件，两篇讲稿是会议或课堂上的发声。全书只有"劳动纪律"章的写作没有学术活动作为机缘，纯由学术兴趣所驱使。研究工作需要静思和静养，但我很喜欢这些"热闹"，它们是接纳，是动力，既吹来新风，也送来暖意。细细盘点，大半"热闹"都是张翔老师拉我凑上去的，大半篇什来自他的约稿和催促，甚至带有半命题作文的性质。对于张老师和宪法学界的前辈与同仁，一句谢语远不足以表达我的感激之情。由于研究内容横跨宪法学与劳动法学两个学科，本书的大部分篇章还曾经就教于劳动法学界，乃至飞越重洋，与外国学者切磋。我有幸享受了"跨界生存"的乐趣，就有义务把微薄的力量同时贡献给两个学科。

本书是两段学术旅程的交汇：一段是从美国法走向中国法，另一段是从劳动法走向宪法。就第一段旅程来说，我在北大接受了公法学的基础训练，又到耶鲁系统学习了美国宪法；两种经历的关系如何摆，既是学术抉择，又是人生态度。这本书在中美之间做了两个尝试：一是将制度的比较改为原理的比较，力避林来梵老师所批评的"留学国别主义"，将研究重点抬升到一般理论层面，探寻中美两国虽不相同、却又相通的地方，捕捉可以"相逢一笑"（但不泯恩仇）的瞬间。"平等就业"和"民主管理"两章集中反映了这种努力。二是将明比改为暗比，把美国宪法的制度与理论隐入研究中国问题的背景之中，时加参考而绝不因循，让大洋彼岸成为反躬自省和激发灵感的源泉。"按劳分配"及其后各章都做出了这种尝试，写作时间也前后相接。简言之，这不该是个"美国好还是中国好"的问题，而是如何将美国为我所用、把我们自己的国家研究好的问题。

就第二段旅程来说，宪法学与劳动法学能否实现握手，取决于双方是否具备足够的意愿。为了实现法制的统一，宪法学从不缺乏与部门法学沟通的愿望；近年来，这种愿望经由"部门宪法"理念的兴起而逐步成为现实。相比之下，劳动法学虽然体察了自身在价值目标和实现手段上的困境，但是对于宪法学究竟有何解困之方，仍然知之不详，乃至存有疑虑。如何促成两个学科的交汇，就需要本书去回答了。

"如山如河"语出《诗经·鄘风·君子偕老》，本意是形容德行美好，却契合中国宪法对于劳动的想象，所以用作本书正题。劳动是中国人民"敢教日月换新天"的壮志和伟力，如高山般肃穆，如大河般热烈，既无可撼动，更无可阻挡。一部新中国的宪法史，就是中国人民用劳动实现宪法愿景的历史，美好的生活是用汗水、泪水和血水浇灌的劳动之花。我怀着崇敬的心情，仰望中国人民用劳动发展宪法、用宪法保卫劳动的恢宏实践。那是一片璀璨的星天，而这本小书诞育在星天之下，何其光荣，又何其幸福！

在本书即将结束之际，我要感谢王晶编辑认真负责的工作，感谢师友的鼓励和提点。我把这本书献给亲爱的爸爸妈妈，他们用劳动建立起温暖的家庭，更身体力行，教我把全部才智和热诚倾注到劳动中去。去年金秋，笑岑和我喜结连理。我们和爸爸妈妈在一起，家庭成为港湾，工作成为事业，生活越过越好，劳动像蜜样甜。

阎　天

2021 年 7 月 14 日

于北京大学法学院